Johann Wolfgang von Goethe

Kampagne in Frankreich

Johann Wolfgang von Goethe

Kampagne in Frankreich

ISBN/EAN: 9783337199272

Hergestellt in Europa, USA, Kanada, Australien, Japan

Cover: Foto ©Thomas Meinert / pixelio.de

Weitere Bücher finden Sie auf **www.hansebooks.com**

Gleich nach meiner Ankunft in Mainz besuchte ich Herrn von Stein den Älteren, königlich preußischen Kammerherrn und Oberforstmeister, der eine Art Residentenstelle daselbst versah und sich im Hass gegen alles Revolutionäre gewaltsam auszeichnete. Er schilderte mir mit flüchtigen Zügen die bisherigen Fortschritte der verbündeten Heere und versah mich mit einem Auszug des topographischen Atlas von Deutschland, welchen Jäger zu Frankfurt unter dem Titel "Kriegstheater" veranstaltet.

Mittags bei ihm zur Tafel fand ich mehrere französische Frauenzimmer, die ich mit Aufmerksamkeit zu betrachten Ursache hatte; die eine — man sagte, es sei die Geliebte des Herzogs von Orleans — eine stattliche Frau, stolzen Betragens und schon von gewissen Jahren, mit rabenschwarzen Augen, Augenbrauen und Haar; übrigens im Gespräch mit Schicklichkeit freundlich. Eine Tochter, die Mutter jugendlich darstellend, sprach kein Wort. Desto munterer und reizender zeigte sich die Fürstin Monaco, entschiedene Freundin des Prinzen von Condé, die Zierde von Chantilly in guten Tagen. Anmutiger war nichts zu sehen als diese schlanke Blondine: jung, heiter, possenhaft; kein Mann, auf den sie's anlegte, hätte sich verwahren können. Ich beobachtete sie mit freiem Gemüt und wunderte mich, Philinen, die ich hier nicht zu finden glaubte, so frisch und munter ihr Wesen treibend mir abermals begegnen zu sehen. Sie schien weder so gespannt noch aufgeregt als die übrige Gesellschaft, die denn freilich in Hoffnung, Sorgen und Beängstigung lebte. In diesen Tagen waren die Alliierten in Frankreich eingebrochen. Ob sich Longwy sogleich ergeben, ob es widerstehen werde, ob auch republikanisch-französische Truppen sich zu den Alliierten gesellen und jedermann, wie es versprochen worden, sich für die gute Sache erklären und die Fortschritte erleichtern werde, das alles schwebte gerade in diesem Augenblick in Zweifel. Kuriere wurden erwartet; die letzten hatten nur das langsame Vorschreiten der Armee und die Hindernisse grundloser Wege gemeldet. Der gepresste Wunsch dieser Personen ward nur noch bänglicher, als sie nicht verbergen konnten, dass sie die schnellste Rückkehr ins Vaterland wünschen mussten, um von den Assignaten, der Erfindung ihrer Feinde, Vorteil ziehen, wohlfeiler und bequemer leben zu können.

Sodann verbracht' ich mit Sömmerrings, Huber, Forsters und andern Freunden zwei muntere Abende: hier fühlt' ich mich schon wieder in vaterländischer Luft. Meist schon frühere Bekannte, Studiengenossen, in dem benachbarten Frankfurt wie zu Hause — Sömmerrings Gattin war eine Frankfurterin — sämtlich mit meiner Mutter vertraut, ihre genialen Eigenheiten schätzend, manches ihrer glücklichen Worte wiederholend, meine große Ähnlichkeit mit ihr in heiterem Betragen und lebhaften Reden mehr als einmal beteuernd: was gab es da nicht für Anlässe, Anklänge, in einem natürlichen, angebornen und angewöhnten Vertrauen! Die Freiheit eines wohlwollenden Scherzes auf dem Boden der Wissenschaft und Einsicht verlieh die heiterste Stimmung. Von politischen Dingen war die Rede nicht, man fühlte, dass man sich wechselseitig zu schonen habe: denn wenn sie republikanische Gesinnungen nicht ganz verleugneten, so eilte ich offenbar, mit einer Armee zu ziehen, die eben diesen Gesinnungen und ihrer Wirkung ein entschiedenes Ende machen sollte.

Zwischen Mainz und Bingen erlebt' ich eine Szene, die mir den Sinn des Tages alsobald weiter aufschloss. Unser leichtes Fuhrwerk erreichte schnell einen vierspännigen, schwer bepackten Wagen; der ausgefahrene Hohlweg aufwärts am Berge her nötigte uns, auszusteigen, und da fragten wir denn die ebenfalls abgestiegenen Schwäger, wer vor uns dahinfahre? Der Postillion jenes Wagens erwiderte darauf mit schimpfen und Fluchen, dass es Französinnen seien, die mit ihrem Papiergeld durchzukommen glaubten, die er aber gewiss noch umwerfen wolle, wenn sich einigermaßen Gelegenheit fände. Wir verwiesen ihm seine gehässige Leidenschaft, ohne ihn im Mindesten zu bessern. Bei sehr langsamer Fahrt trat ich hervor an den Schlag der Dame und redete sie freundlich an, worauf sich ein junges, schönes, aber von ängstlichen Zügen beschattetes Gesicht einigermaßen erheiterte.

Sie vertraute sogleich, dass sie dem Gemahl nach Trier folge und von da baldmöglichst nach Frankreich zu gelangen wünsche. Da ich ihr nun diesen Schritt als sehr voreilig schilderte, gestand sie, dass außer der Hoffnung, ihren Gemahl wieder zu finden, die Notwendigkeit, wieder von Papier zu leben, sie hierzu bewege. Ferner zeigte sie ein solches Zutrauen zu den verbündeten Streitkräften der Preußen, Österreicher und Emigrierten, dass man, wär' auch Zeit und Ort nicht hinderlich gewesen, sie schwerlich zurückgehalten hätte.

Unter diesen Gesprächen fand sich ein sonderbarer Anstoß; über den Hohlweg, worin wir befangen waren, hatte man eine hölzerne Rinne geführt, die das nötige Wasser einer jenseits stechenden oberschlächtigen Mühle zubrachte. Man hätte denken sollen, die Höhe des Gestells wäre doch wenigstens auf einen Heuwagen berechnet gewesen. Wie dem aber auch sei, das Fuhrwerk war so unmäßig obenauf bepackt, Kistchen und Schachteln pyramidalisch übereinander getürmt, dass die Rinne dem weiteren Fortkommen ein unüberwindliches Hindernis entgegensetzte.

Hier ging nun erst das Fluchen und Schelten der Postillione los, die sich um so viel Zeit aufgehalten sahen; wir aber erboten uns freundlich, halfen abpacken und an der anderen Seite des träufelnden Schlagbaums wieder aufpacken. Die junge, gute, nach und nach entschüchterte Frau wusste nicht, wie sie sich dankbar genug benehmen sollte; zugleich aber wuchs ihre Hoffnung auf uns immer mehr und mehr. Sie schrieb den Namen ihres Mannes und bat inständig, da wir doch früher als sie nach Trier kommen müssten, ob wir nicht am Tor den Aufenthalt des Gatten schriftlich niederzulegen geneigt wären? Bei dem besten Willen verzweifelten wir an dem Erfolg wegen Größe der Stadt, sie aber ließ nicht von ihrer Hoffnung.

In Trier angelangt, fanden wir die Stadt von Truppen überlegt, von allerlei Fuhrwerk überfahren, nirgends ein Unterkommen; die Wagen hielten auf den Plätzen, die Menschen irrten auf den Straßen; das Quartieramt, von allen Seiten bestürmt, wusste kaum Rat zu schaffen. Ein solches Gewirr jedoch ist wie eine Art Lotterie, der Glückliche zieht irgendeinen Gewinn; und so begegnete mir Leutnant von Fritsch von des Herzogs Regiment und brachte mich, nach freundlichstem Begrüßen, zu einem Kanonikus, dessen großes Haus und weitläufiges Gehöft mich und meine kompendiöse Equipage freundlich und bequemlich aufnahm, wo ich denn sogleich einer genugsamen Erholung pflegte. Gedachter junge militärische Freund, von Kindheit auf mir bekannt und empfohlen, war mit einem kleinen Kommando in Trier zu verweilen beordert, um für die zurückgelassenen Kranken zu sorgen, die nachziehenden Maroden, verspätete Bagagewagen und dergleichen aufzunehmen und sie weiter zu befördern; wobei denn auch mir seine Gegenwart zugute kam, ob er gleich nicht gern im Rücken der Armee verweilte, wo für ihn, als einen jungen strebenden Mann, wenig Glück zu hoffen war.

Mein Diener hatte kaum das Notwendigste ausgepackt, als er sich in der Stadt umzusehen Urlaub erbat; spät kam er wieder, und des anderen Morgens trieb eine gleiche Unruhe ihn aus dem Haus. Mir war diese seltsame Benehmen unerklärlich, bis das Rätsel sich löste: die schönen Französinnen hatten ihn nicht ohne Anteil gelassen, er spürte sorgfältig und hatte das Glück, sie auf dem großen Platz, mitten unter hundert Wagen haltend, an der Schachtelpyramide zu erkennen, ohne jedoch ihren Gemahl aufgefunden zu haben.

Auf dem Weg von Trier nach Luxemburg erfreute mich bald das Monument in der Nähe von Igel. Da mir bekannt war, wie glücklich die Alten ihre Gebäude und Denkmäler zu setzen wussten, warf ich in Gedanken sogleich die sämtlichen Dorfhütten weg, und nun stand es an dem würdigsten Platz. Die Mosel fließt unmittelbar vorbei, mit welcher sich gegenüber ein ansehnliches Wasser, die Saar, verbindet; die Krümmung der Gewässer, das Auf- und Absteigen des Erdreichs, eine üppige Vegetation geben der Stelle Lieblichkeit und Würde.

Das Monument selbst könnte man einen architektonisch-plastisch verzierten Obelisk nennen. Er steigt in verschiedenen, künstlerisch übereinander gestellten Stockwerken in die Höhe, bis er sich zuletzt in einer Spitze endigt, die mit Schuppen ziegelartig verziert ist und mit Kugel, Schlange und Adler in der Luft sich abschloss.

Möge irgendein Ingenieur, welchen die gegenwärtigen Kriegsläufe in diese Gegend führen und vielleicht eine Zeitlang festhalten, sich die Mühe nicht verdrießen lassen, das Denkmal auszumessen, und, insofern er Zeichner ist, auch die Figuren der vier Seiten, wie sie noch kenntlich sind, uns überliefern und erhalten!

Wie viel traurige bildlose Obelisken sah ich nicht zu meiner Zeit erreichten, ohne dass irgendjemand an jenes Monument gedacht hätte! Es ist freilich schon aus einer spätern Zeit, aber man sieht immer noch die Lust und Liebe, seine persönliche Gegenwart mit aller Umgebung und den Zeugnissen von Tätigkeit sinnlich auf die Nachwelt zu bringen. Hier stehen Eltern und Kinder gegeneinander, man schmaust im Familienkreis; aber damit der Beschauer auch wisse, woher die Wohlhäbigkeit komme, ziehen beladene Saumrosse einher, Gewerb' und Handel wird auf mancherlei Weise vorgestellt. Denn eigentlich sind es Kriegskommissarien, die sich und den Ihrigen dies Monument errichteten, zum Zeugnis, dass damals wie jetzt an solcher Stelle genugsamer Wohlstand zu erringen sei.

Man hatte diesen ganzen Spitzbau aus tüchtigen Sandquadern roh übereinander getürmt und alsdann, wie aus einem Felsen, die architektonisch-plastischen Gebilde herausgehauen. Die so manchem Jahrhunderte widerstehende Dauer dieses Monuments mag sich wohl aus einer so gründlichen Anlage herschreiben.

* * * * *

Diesen angenehmen und furchtbaren Gedanken konnte ich mich nicht lange hingeben: denn ganz nahe dabei, in Grevenmachern, war mir das modernste Schauspiel bereitet. Hier fand ich das Korps Emigrierte, das aus lauter Edelleuten, meist Ludwigsrittern, bestand. Sie hatten weder Diener noch Reitknechte, sondern besorgten sich selbst und ihr Pferd. Gar manchen hab' ich zur Tränke führen, vor der Schmiede halten sehen. Was aber den sonderbarsten Kontrast mit diesem demütigen Beginnen hervorrief, war ein großer, mit Kutschen und Reisewagen aller Art überladener Wiesenraum. Sie waren mit Frau und Liebchen, Kindern und Verwandten zu gleicher Zeit eingerückt, als wenn sie den innern Widerspruch ihres gegenwärtigen Zustandes recht wollten zur Schau tragen.

Da ich einige Stunden hier unter freiem Himmel auf Postpferde warten musste, konnt' ich noch eine andere Bemerkung machen. Ich saß vor dem Fenster des Posthauses, unfern von der Stelle, wo das Kästchen stand, in dessen Einschnitt man die unfrankierten Briefe zu werfen pflegt. Einen ähnlichen Zudrang hab' ich nie gesehen: zu Hunderten wurden sie in die Ritze gesenkt. Das grenzenlose Bestreben, wie man mit Leib, Seel' und Geist in sein Vaterland durch die Lücke des durchbrochenen Dammes wieder einzuströmen begehre, war nicht lebhafter und aufdringlicher vorzubilden.

Vor Langeweile und aus Lust, Geheimnisse zu entwickeln oder zu supplieren, dacht' ich mir, was in dieser Briefmenge wohl enthalten sein möchte? Da glaubt' ich denn eine Liebende zu spüren, die mit Leidenschaft und Schmerz die Qual des Entbehrens in solcher Trennung heftigst ausdrückte; einen Freund, der von dem Freund in der äußersten Not einiges Geld verlangte; ausgetriebene Frauen mit Kindern und Dienstanhang, deren Kasse bis auf wenige Geldstücke zusammengeschmolzen war; feurige Anhänger der Prinzen, die, das Beste hoffend, sich einander Lust und Mut zusprachen; andere, die schon das Unheil in der Ferne witterten und sich über den bevorstehenden Verlust ihrer Güter jammervoll beschwerten — und ich denke, nicht ungeschickt geraten zu haben.

Über manches klärte der Postmeister mich auf, der, um meine Ungeduld nach Pferden zu beschwichtigen, mich vorsätzlich zu unterhalten suchte. Er zeigte mir verschiedene Briefe mit Stempeln aus entfernten Gegenden, die nun den Vorgerückten und Vorrückenden nachirren sollten. Frankreich sei an allen seinen Grenzen mit solchen

Unglücklichen umlagert, von Antwerpen bis Nizza; dagegen stünden ebenso die französischen Heere zur Verteidigung und zum Ausfall bereit. Er sagte manches Bedenkliche; ihm schien der Zustand der Dinge wenigstens sehr zweifelhaft.

Da ich mich nicht so wütend erwies wie andere, die nach Frankreich hineinstürmten, hielt er mich blad für einen Republikaner und zeigte mehr Vertrauen; er ließ mich die Unbilden bedenken, welche die Preußen von Wetter und Weg über Koblenz und Trier erlitten, und machte eine schauderhafte Beschreibung, wie ich das Lager in der Gegend von Longwy finden würde; von allem war er gut unterrichtet und schien nicht abgeneigt, andere zu unterrichten. Zuletzt suchte er mich aufmerksam zu machen, wie die Preußen beim Einmarsch ruhige und schuldlose Dörfer geplündert, es sei nun durch die Truppen geschehen oder durch Packknechte und Nachzügler; zum Schein habe man's bestraft, aber die Menschen im Innersten gegen sich aufgebracht.

Da musste mir denn jener General des Dreißigjährigen Kriegs einfallen, welcher, als man sich über das feindselige Betragen seiner Truppen in Freundesland höchlich beschwerte, die Antwort gab: "Ich kann meine Armee nicht im Sack transportieren," überhaupt aber konnte ich bemerken, dass unser Rücken nicht sehr gesichert sei.

Longwy, dessen Eroberung mir schon unterwegs triumphierend verkündigt war, ließ ich auf meiner Fahrt rechts in einiger Ferne und gelangte den 27. August nachmittags gegen das Lager von Praucourt. Auf einer Fläche geschlagen, war es zu übersehen, aber dort anzulangen nicht ohne Schwierigkeit. Ein feuchter, aufgewühlter Boden war Pferden und Wagen hinderlich; daneben fiel es auf, dass man weder Wachen noch Posten noch irgendjemand antraf, der sich nach den Pässen erkundigt und bei dem man dagegen wieder einige Erkundigung hätte einziehen können. Wir fuhren durch eine Zeltwüste, denn alles hatte sich verkrochen, um vor dem schrecklichen Wetter kümmerlichen Schutz zu finden. Nur mit Mühe erforschten wir von einigen die Gegend, wo wir das herzoglich weimarische Regiment finden könnten, erreichten endlich die Stelle, sahen bekannte Gesichter und wurden von Leidensgenossen gar freundlich aufgenommen. Kämmerier Wagner und sein schwarzer Pudel waren die ersten Begrüßenden; beide erkannten einen vieljährigen Lebensgesellen, der abermals eine bedenkliche Epoche mit durchkämpfen sollte. Zugleich erfuhr ich einen unangenehmen Vorfall: des Fürsten Leibpferd, der Amaranth, war gestern nach einem grässlichen Schrei niedergestürzt und tot geblieben.

Nun musste ich von der Situation des Lagers noch viel Schlimmeres gewahren und vernehmen, als der Postmeister mir vorausgesagt. Man denke sich's auf einer Ebene am Fuß eines sanft aufsteigenden Hügels, an welchem ein von alters her gezogener Graben Wasser von Feldern und Wiesen abhalten sollte; dieser aber wurde so schnell als möglich Behälter alles Unrats, aller Abwürflinge: der Abzug stockte, gewaltige Regengüsse durchbrachen nachts den Damm und führten das widerwärtigste Unheil unter die Zelte. Da ward nun, was die Fleischer an Eingeweiden, Knochen und sonst beiseite geschafft, in die ohnehin feuchten und ängstlichen Schlafstellen getragen.

Mir sollte gleichfalls ein zelt eingeräumt werden, ich zog aber vor, mich des Tags über bei Freunden und Bekannten aufzuhalten und nachts in dem großen Schlafwagen der Ruhe zu pflegen, dessen Bequemlichkeit von früheren Zeiten her mir schon bekannt war. Seltsam musste man es jedoch finden, wie er, obgleich nur etwa dreißig Schritte von den Zelten entfernt, doch dergestalt unzugänglich bleib, dass ich mich abends musste hinein und morgens wieder heraus tragen lassen.

Am 28. August.

So wunderlich tagte mir diesmal mein Geburtsfest. Wir setzten uns zu Pferd und ritten in die eroberte Festung; das wohl gebaute und befestigte Städtchen liegt auf einer Anhöhe. Meine Absicht war, große wollene Decken zu kaufen, und wir verfügten uns sogleich in einen Kramladen, wo wir Mutter und Töchter hübsch und anmutig fanden. Wir feilschten nicht viel und zahlten gut und waren so artig, als es Deutschen ohne Tournüre nur möglich ist.

Die Schicksale des Hauses während des Bombardements waren höchst wunderbar. Mehrere Granaten hintereinander fielen in das Familienzimmer, man flüchtete, die Mutter riss ein Kind aus der Wiege und floh, und in dem Augenblick schlug noch eine Granate gerade durch die Kissen, wo der Knabe gelegen hatte. Zum Glück war keine der Granaten gesprungen, sie hatten die Möbel zerschlagen, am Getäfel gesengt, und so war alles ohne weiteren Schaden vorübergegangen; in den Laden war keine Kugel gekommen.

Dass der Patriotismus derer von Lognwy nicht allzu kräftig sein mochte, sah man daraus, dass die Bürgerschaft den Kommandanten sehr bald genötigt hatte, die Festung zu übergeben; auch hatten wir kaum einen schritt aus dem Laden getan, als der innere Zwiespalt der Bürger sich uns genugsam verdeutlichte. Königisch Gesinnte, und also unsere Freunde, welche die schnell Übergabe bewirkt, bedauerten, dass wir in dieses Warengewölbe zufällig gekommen und dem schlimmsten aller Jakobiner, der mit seiner ganzen Familie nichts tauge, so viel schönes Geld zu lösen gegeben. Gleichermaßen warnte man uns vor einem splendiden Gasthof, und zwar so bedenklich, als wenn den Speisen daselbst nicht ganz zu trauen sein möchte; zugleich deutete man auf einen geringeren als zuverlässig, wo wir uns denn auch freundlich aufgenommen und leidlich bewirtet sahen.

Nun saßen wir alte Kriegs- und Garnisons-kameraden traulich und froh wieder neben und gegen einander; es waren die Offiziere des Regiments, vereint mit des Herzogs Hof-, Haus- und Kanzleigenossen; man unterhielt sich von dem Nächstvergangenen, wie bedeutend und bewegt es Anfang Mais in Aschersleben gewesen, als die Regimenter sich marschfertig zu halten Order bekommen, der Herzog von Braunschweig und mehrere hohe Personen daselbst Besuch abgestattet, wobei des Marquis von Bouillé als eines bedeutenden und in die Operationen kräftig eingreifenden Fremden zu erwähnen nicht vergessen wurde. Sobald dem horchenden Gastwirt dieser Name zu Ohren kam, erkundigte er sich eifrigst, ob wir den Herren kennten? Die meisten durften es bejahen, wobei er denn viel Respekt bewies und große Hoffnung auf die Mitwirkung dieses würdigen, tätigen Mannes aussprach, ja es wollte scheinen, als wenn wir von diesem Augenblick an besser bedient würden.

Wie wir nun alle hier Versammelten uns mit Leib und Seele einem Fürsten angehörig bekannten, der seit mehreren Regierungsjahren so große Vorzüge entwickelt und sich nunmehr auch im Kriegshandwerk, dem er von Jugend auf zugetan gewesen, das er seit geraumer Zeit getrieben, bewähren sollte, so ward auf sein Wohl und seiner

Angehörigen nach guter deutscher Weise angestoßen und getrunken, besonders aber auf des Prinzen Bernhards Wohl, bei welchem kurz vor dem Ausmarsch Obristwachtmeister von Weyrach, als Abgeordneter des Regiments, Gevatter gestanden hatte.

Nun wusste jeder von dem Marsch selbst gar manches zu erzählen, wie man, den Harz links lassend, an Goslar vorbei nach Northeim durch Göttingen gekommen; da hörte man denn von trefflichen und schlechten Quartieren, bäurisch-unfreundlichen, gebildet-missmutigen, hypochondrisch-gefälligen Wirten, von Nonnenklöstern und mancherlei Abwechslung des Weges und Wetters. Alsdann war man am östlichen Rand Westfallens her bis Koblenz gezogen, hatte mancher hübschen Frau zu gedenken, von seltsamen Geistlichen, unvermutet begegnenden Freunden, zerbrochenen Rädern, umgeworfenen Wagen buntscheckigen Bericht zu erstatten.

Von Koblenz aus beklagte man sich über bergige Gegenden, beschwerliche Wege und mancherlei Mangel und rückte sodann, nachdem man sich im Vergangenen kaum zerstreut, dem Wirklichen immer näher; der Einmarsch nach Frankreich in dem schrecklichsten Wetter ward als höchst unerfreulich und als würdiges Vorspiel beschrieben des Zustandes, den wir, nach dem Lager zurückkehrend, voraussehen konnten. Jedoch in solcher Gesellschaft ermutigt sich einer am anderen, und ich besonders beruhigte mich beim Anblick der köstlichen wollenen Decken, welche der Reitknecht aufgebunden hatte.

Im Lager fand ich abends in dem großen Zelt die beste Gesellschaft; sie war dort beisammen geblieben, weil man keinen Fuß heraussetzen konnte; alles war gutes Muts und voller Zuversicht. Die schnelle Übergabe von Longwy bestätigte die Zusage der Emigrierten, man werde überall mit offenen Armen aufgenomen sein, und es schien sich dem großen Vorhaben des revolutionären Frankreichs, durch die Manifeste des Herzogs von Braunschweig ausgesprochen, zeigten sich ohne Ausnahme bei Preußen, Österreichern und Emigrierten.

Freilich durfte man nur das wahrhaft bekannt Gewordene erzählen, so ging daraus hervor, dass ein Volk, auf solchen Grad verunreinigt, nicht einmal in Parteien gespalten, sondern im Innersten zerrüttet, in lauter Einzelheiten getrennt, dem hohen Einheitssinn der edel Verbündeten nicht widerstehen könne.

Auch hatte man schon von Kriegstaten zu erzählen. Gleich nach dem Eintritt in Frankreich stießen beim Rekognozieren fünf Eskadronen Husaren von Wolfrat auf tausend Chasseurs, die von Sedan der unser Vorrücken beobachten sollten. Die Unsrigen, wohl geführt, griffen an, und da die Gegenseitigen sich tapfer wehrten, auch keinen Pardonannehmen wollten, gab es ein gräulich Gemetzel, worin wir siegten, Gefangene machten, Pferde, Karabiner und Säbel erbeuteten, durch welches Vorspiel der kriegerische Geist erhöht, Hoffnung und Zutrauen fester gegründet wurden.

Am 29. August geschah der Aufbruch aus diesen halberstarrten Erd- und Wasserwogen, langsam und nicht ohne Beschwerde: denn wie sollte man Zelte und Gepäck, Monturen und sonstiges nur einigermaßen reinlich halten, da sich keine Stelle fand, wo man irgendetwas zurechtlegen und ausbreiten können!

Die Aufmerksamkeit jedoch, welche die höchsten Heerführer diesem Abmarsch zuwendeten, gab uns frisches Vertrauen. Auf das strengste war alles Fuhrwerk ohne Ausnahme hinter die Kolonne beordert, nur jeder Regimentschef berechtigt, eine Chaise vor seinem Zug hergehen zu lassen; da ich denn das Glück hatte, im leichten, offenen Wägelchen die Hauptarmee für diesmal anzuführen. Beide Häupter, der König sowohl als der Herzog von Braunschweig, mit ihrem Gefolge hatten sich da postiert, wo alles an ihnen vorbei musste. Ich sah sie von weiten, und als wir herankamen, ritten Ihro Majestät an mein Wäglein heran und fragten in Ihro lakonischen Art, wem das Fuhrwerk gehöre? Ich antwortete laut: "Herzog von Weimar!" und wir zogen vorwärts. Nicht leicht ist jemand von einem vornehmern Visitator angehalten worden.

Weiterhin jedoch fanden wir den Weg hie und a etwas besser. In einer wunderlichen Gegend, wo Hügel und Tal miteinander abwechselten, gab es besonders für die zu Pferde noch trockene Räume genug, um sich behaglich vorwärts bewegen zu können. Ich warf mich auf das meine, und so ging es freier und lustiger fort; das Regiment hatte den Vortritt bei der Armee, wir konnten also immer voraus sein und der lästigen Bewegung des Ganzen völlig entgehen.

Der Marsch verließ die Hauptstraße, wir kamen über Arrancy, worauf uns denn Chatillon l'Abbaye, als erste Kennzeichen der Revolution, ein verkauftes Kirchengut, in halb abgebrochenen und zerstörten Mauern zur Seite liegen blieb.

Nun aber sahen wir über Hügel und Tal des Königs Majestät sich eilig zu Pferde bewegend, wie den Kern eines Kometen von einem langen, schweifartigen Gefolge begleitet. Kaum war jedoch dieses Phänomen mit Blitzesschnelle vor uns vorbei geschwunden, als ein zweites von einer andern Seite den Hügel krönte oder das Tal erfüllte. Es war der Herzog von Braunschweig, der Elemente gleicher Art an und nach sich zog. Wir nun, obgleich mehr zum

Beobachten als zum Beurteilen geneigt, konnten doch der Betrachtung nicht ausweichen, welche von beiden Gewalten denn eigentlich die obere sei? Welche wohl im zweifelhaften Falle zu entscheiden habe? Unbeantwortete Fragen, die uns nur Zweifel und Bedenklichkeiten zurückließen.

Was nun aber hierbei noch ernsteren Stoff zum Nachdenken gab, war, dass man beide Heerführer so ganz frank und frei in ein Land hineinreiten sah, wo nicht unwahrscheinlich in jedem Gebüsch ein aufgeregter Todfeind lauern konnte. Doch mussten wir gestehen, dass gerade das kühne persönliche Hingeben von jeher den Sieg errang und die Herrschaft behauptete.

Bei wolkigem Himmel schien die Sonne sehr heiß; das Fuhrwerk in grundlosem Boden fand ein schweres Fortkommen. Zerbrochene Räder an Wagen und Kanonen machten gar manchen Aufenthalt, hie und da ermattete Füseliere, die sich schon nicht mehr fortschleppen konnten.

Man hörte die Kanonade bei Thionville und wünschte jener Seite guten
Erfolg.

Abends erquickten wir uns im Lager bei Pillon. Eine liebliche Waldwiesenahm uns auf, der Schatten erfrischte schon, zum Küchfeuer war Gestrüpp genug bereit; ein Bach floss vorbei und bildete zwei klare Bassins, die beide sogleich von Menschen und Tieren sollten getrübt werden. Das eine gab ich frei, verteidigte das andere mit Heftigkeit und ließ es sogleich mit Pfählen und Stricken umziehen. Ohne Lärm gegen die Zudringlichkeiten ging es nicht ab. Da fragte einer von unsern Reitern den andern, die eben ganz gelassen an ihrem Zeug putzten: "Wer ist denn der, der sich so mausig macht?" — "Ich weiß nicht," versetzte der andere, "aber er hat recht."

Also kamen nun Preußen und Österreicher und ein Teil von Frankreich, auf französischem Boden ihr Kriegshandwerk zu treiben. In wessen Macht und Gewalt taten sie das? Sie konnten es in eignem Namen tun, der Krieg war ihnen zum Teil erklärt, ihr Bund war kein Geheimnis; aber nun ward noch ein Vorwand erfunden. Sie traten auf im Namen Ludwigs XVI., sie requirierten nicht, aber sie borgten gewaltsam. Man hatte Bons drucken lassen, die der Kommandierende unterzeichnete, derjenige aber, der sie in Händen hatte, nach Befund beliebig ausfüllte: Ludwig XVI. sollte bezahlen. Vielleicht hat nach dem Manifest nichts so sehr das Volk gegen das Königtum aufgehetzt als diese Behandlungsart. Ich war selbst bei einer solchen Szene gegenwärtig, deren ich mich als höchst tragisch erinnere. Mehrere Schäfer mochten ihre Herden vereinigt haben, um sie in Wäldern oder sonst abgelegenen Orten sicher zu verbergen; von tätigen Patrouillen aber aufgegriffen und zur Armee geführt, sahen sie sich zuerst wohl und freundlich empfangen. Man fragte nach den verschiedenen Besitzern, man sonderte und zählte die einzelnen Herden. Sorge und Frucht, doch mit einiger Hoffnung, schwebte auf den Gesichtern der tüchtigen Männer. Als sich aber dieses Verfahren dahin auflöste, dass man die Herden unter Regimenter und Kompanien verteilte, den Besitzern hingegen ganz höflich auf Ludwig XVI. gestellte Papiere überreichte, indessen ihre wolligen Zöglinge von den ungeduldigen, fleischlustigen Soldaten vor ihren Füßen ermordet wurden, so gesteh' ich wohl: es ist mir nicht leicht eine grausamere Szene und ein tieferer männlicher Schmerz in allen seinen Abstufungen jemals vor Augen und zur Seele gekommen. Die griechischen Tragödien allein haben so einfach tief Ergreifendes.

Den 30. August.

Vom heutigen Tag, der uns gegen Verdun bringen sollte, versprachen wir uns Abenteuer, und sie blieben nicht aus. Der auf- und abwärts gehende Weg war schon besser getrocknet, das Fuhrwerk zog ungehinderter dahin, die Reiter bewegten sich leichter und vergnüglich.

Es hatte sich eine muntere Gesellschaft zusammengefunden, die, wohl beritten, so weit vorging, bis sie einen Zug Husaren antraf, der den eigentlichen Vortrab der Hauptarmee machte. Der Rittmeister, ein gesetzter Mann, schon über die mittleren Jahre, schien unsere Ankunft nicht gerne zu sehen. Die strengste Aufmerksamkeit war ihm empfohlen: alles sollte mit Vorsicht geschehen, jede unangenehme Zufälligkeit klüglich beseitigt werden. Er hatte seine Leute kunstmäßig verteilt, sie rückten einzeln vor in gewissen Entfernungen, und alles begab sich in der größten Ordnung und Ruhe. Menschenleer war die Gegend, die äußerste Einsamkeit ahnungsvoll. So waren wir, Hügel auf Hügel ab, über Mangiennes, Damvillers, Wawrille und Ormont gekommen, als auf einer Höhe, die eine schöne Aussicht gewährte, rechts in den Weinbergen ein Schuss fiel, worauf die Husaren sogleich zufuhren, die nächste Umgebung zu untersuchen. Sie brachten auch wirklich einen schwarzhaarigen, bärtigen Mann herbei, der ziemlich wild aussah und bei dem man ein schlechtes Terzerol gefunden hatte. Er sagte trotzig, dass er die Vögel aus seinem Weinberg verscheuche und niemand etwas zuleide tue. Der Rittmeister schien, bei stiller Überlegung, diesen Fall mit seinen gemessenen Orders zusammenzuhalten und entließ den bedrohten Gefangenen mit einigen Hieben, die der Kerl so eilig mit auf den Weg nahm, dass man ihm seinen Hut mit großem Lustgeschrei nachwarf, den er aber aufzunehmen keinen Beruf empfand.

Der Zug ging weiter, wir unterhielten uns über die Vorkommenheiten und über manches, was zu erwarten sein möchte. Nun ist zu bemerken, dass unsere kleine Gesellschaft, wie sie sich den Husaren aufgedrungen hatte, zufällig zusammengekommen, aus den verschiedensten Elementen bestand; meistens waren es gradsinnige, jeder nach seiner Weise dem Augenblick gewidmete Menschen. Einen jedoch muss ich besonders auszeichnen, einen ernsten, sehr achtbaren Mann von der Art, wie sie zu jener Zeit unter den preußischen Kriegsleuten öfter vorkamen, mehr ästhetisch als philosophisch gebildet, ernst mit einem gewissen hypochondrischen Zug, still in sich gekehrt und zum Wohltun mit zarter Leidenschaft aufgelegt.

Als wir so weiter vor uns hinrückten, trafen wir auf eine so seltsame als angenehme Erscheinung, die eine allgemeine Teilnahme erregte. Zwei Husaren brachten ein einspänniges zweirädriges Wägelchen den Berg herauf, und als wir uns erkundigten, was unter der übergespannten Leinwand wohl befindlich sein möchte, so fand sich ein Knabe von etwa zwölf Jahren, der das Pferd lenkte, und ein wunderschönes Mädchen oder Weibchen, das sich aus der Ecke hervorbeugte, um die vielen Reiter anzusehen, die ihren zweirädrigen Schirm umzingelten. Niemand blieb ohne Teilnahme, aber die eigentlich tätige Wirkung für die Schöne mussten wir unserm empfindenden Freund überlassen, der von dem Augenblick an, als er das bedürftige Fuhrwerk näher betrachtet, sich zur Rettung unaufhaltsam hingedrängt fühlte. Wir traten in den Hintergrund; er aber fragte genau nach allen Umständen, und es fand sich, dass die junge Person, in Samogneux wohnhaft, dem bevorstehenden Bedrängnis seitwärts zu entfernteren Freunden auszuweichen willens, sich eben der Gefahr in den Rachen geflüchtet habe; wie in solchen ängstlichen Fällen der Mensch wähnt, es sei überall besser als da, wo er ist. Einstimmig ward ihr nun auf das freundlichste begreiflich gemacht, dass sie zurückkehren müsse. Auch unser Anführer, der Rittmeister, der zuerst eine Spionerei hier wittern wollte, ließ sich endlich durch die herzliche Rhetorik des sittlichen Mannes überreden, der sie denn auch, zwei Husaren an der Seite, bis an ihren Wohnort einigermaßen getröstet zurückgebrachte, woselbst sie uns, die wir in bester Ordnung und Mannszucht bald nachher durchzogen, auf einem Mäuerchen unter den Ihrigen stehend, freundlich und, weil das erste Abenteuer so gut gelungen war, hoffnungsvoll begrüßte.

Es gibt dergleichen Pausen mitten in den Kriegszügen, wo man durch augenblickliche Mannszucht sich Kredit zu verschaffen sucht und eine Art von gesetzlichem Frieden mitten in der Verwirrung beordert. Diese Momente sind köstlich für Bürger und Bauern und für jeden, dem das dauernde Kriegsunheil noch nicht allen Glauben an Menschlichkeit geraubt hat.

Ein Lager diesseits Verdun wird aufgeschlagen, und man zählt auf einige Tage Rast.

Den 31. morgens war ich im Schlafwagen, gewiss der trockensten, wärmsten und erfreulichsten Lagerstätte, halb erwacht, als ich etwas an den Ledervorhängen ruaschen hörte und bei Eröffnung derselben den Herzog von Weimar erblickte, der mir einen unerwarteten Fremden vorstellte. Ich erkannte sogleich den abenteuerlichen Grothaus, der, seine Parteigängerrolle auch hier zu spielen nicht abgeneigt, angelangt war, um den bedenklichen Auftrag der Aufforderung Verduns zu übernehmen. In Gefolg dessen war er gekommen, unsern fürstlichen Anführer um einen Stabstrompeter zu ersuchen, welcher, einer solchen besondern Auszeichnung sich erfreuend, alsobald zu dem Geschäft beordert wurde. Wir begrüßten uns, alter

Wunderlichkeiten eingedenk, auf das heiterste, und Grothaus eilte zu seinem Geschäft; worüber denn, als es vollbracht war, gar mancher Scherz getrieben wurde. Man erzählte sich, wie er, den Trompeter voraus, den Husaren hinterdrein, die Fahrstraße hinab geritten, die Verduner aber als Sansculotten, das Völkerrecht nicht kennend oder verachtend, auf ihn kanoniert; wie er ein weißes Schnupftuch an die Trompete befestigt und immer heftiger zu blasen befohlen; wie er, von einem Kommando eingeholt und mit verbundenen Augen allein in die Festung geführt, alldort schöne Reden gehalten, aber nichts bewirkt — und was dergleichen mehr war, wodurch man denn nach Weltart den geleisteten Dienst zu verkleinern und dem Unternehmenden die Ehre zu verkümmern wusste.

Als nun die Festung, wie natürlich, auf die erste Forderung, sich zu ergeben, abgeschlagen, musste man mit Anstalten zum Bombardement vorschreiten. Der Tag ging hin, indessen besorgt' ich noch ein kleines Geschäft, dessen gute Folgen sich mir bis auf den heutigen Tag erstrecken. In Mainz hatte mich Herr von Stein mit dem Jägerischen Atlas versorgt, welcher den gegenwärtigen, hoffentlich auch den nächstkünftigen Kriegsschauplatz in mehreren Blättern darstellte. Ich nahm das eine hervor, das achtundvierzigste, in dessen Bezirk ich bei Longwy herein getreten war, und da unter des Herzogs Leuten sich gerade ein Boßler befand, so ward es zerschnitten und aufgezogen und dient mir noch zur Wiedererinnerung jener für die Welt und mich so bedeutenden Tage.

Nach solchen Vorbereitungen zum künftigen Nutzen und augenblicklicher Bequemlichkeit sah ich mich um auf der Wiese, wo wir lagerten und von wo sich die Zelte bis auf die Hügel erstreckten. Auf dem großen, grünen, ausgebreiteten Teppich zog ein wunderliches Schauspiel meine

Aufmerksamkeit an sich: eine Anzahl Soldaten hatten sich in einen Kreis gesetzt und hantierten etwas innerhalb desselben. Bei näherer Untersuchung fand ich sie um einen trichterförmigen Erdfall gelagert, der, von dem reinsten Quellwasser gefüllt, oben etwa dreißig Fuß im Durchmesser haben konnte. Nun waren es unzählige kleine Fischchen, nach denen die Kriegsleute angelten, wozu sie das Gerät neben ihrem übrigen Gepäck mitgebracht hatten. Das Wasser war das klarste von der Welt, und die Jagd lustig genug anzusehen. Ich hatte jedoch nicht lange diesem Spiel zugeschaut, als ich bemerkte, dass die Fischlein, indem sie sich bewegten, verschiedene Farben spielten. Im ersten Augenblick hielt ich diese Erscheinung für Wechselfarben der beweglichen Körperchen, doch blad eröffnete sich mir eine willkommene Aufklärung. Eine Scherbe Steingut war in den Trichter gefallen. Welche mir aus der Tiefe herauf die schönsten prismatischen Farben gewährte. Heller als der Grund, dem Auge entgegen gehoben, zeigte sie an dem von mir abstehenden Rand die Blau- und Violettfarbe, an dem mir zugekehrten Rande dagegen die rote und gelbe. Als ich mich darauf um die Quelle ringsum bewegte, folgte mir, wie natürlich bei einem solchen subjektiven Versuche, das Phänomen, und die Farben erschienen, bezüglich auf mich, immer dieselbigen.

Leidenschaftlich ohnehin mit diesen Gegenständen beschäftigt, machte mir's die größte Freude, dasjenige hier unter freiem Himmel so frisch und natürlich zu sehen, weshalb sich die Lehrer der Physik schon fast hundert Jahre mit ihren Schülern in eine dunkle Kammer einzusperren pflegten. Ich verschaffte mir noch einige Scherbenstücke, die ich hineinwarf, und konnte gar wohl bemerken, dass die Erscheinung unter der Oberfläche des Wassers sehr bald anfing, beim Hinabsinken immer zunahm, und zuletzt ein kleiner weißer Körper, ganz überfärbt, in Gestalt eines

Flämmchens am Boden anlangte. Dabei erinnerte ich mich, dass Agricola schon dieser Erscheinung gedacht und sie unter die feurigen Phänomene zu rechnen sich bewogen gesehen.

Nach Tisch ritten wir auf den Hügel, der unseren Zelten die Ansicht von Verdun verbarg. Wir fanden die Lage der Stadt als einer solchen sehr angenehm, von Wiesen, Gärten umgeben, in einer heitern Fläche, von der Maas in mehreren Ästen durchströmt, zwischen näheren und ferneren Hügeln; als Festung freilich einem Bombardement von allen Seiten ausgesetzt. Der Nachmittag ging hin mit Errichtung der Batterien, da die Stadt sich zu ergeben geweigert hatte. Mit guten Ferngläsern beschauten wir indessen die Stadt und konnten ganz genau erkennen, was auf dem gegen uns gekehrten Wall vorging: mancherlei Volk, das sich hin und her bewegte und besonders an einem Fleck sehr tätig zu sein schien.

Um Mitternacht fing das Bombardement an, sowohl von der Batterie auf unserm rechten Ufer als von einer andern auf dem linken, welche, näher gelegen und mit Brandraketen spielend, die stärkste Wirkung hervorbrachte. Diese geschwänzten Feuermeteore musste man denn ganz gelassen durch die Luft fahren und bald darauf ein Stadtquartier in Flammen sehen. Unsere Ferngläser, dorthin gerichtet, gestatteten uns, auch dieses Unheil im einzelnen zu betrachten; wir konnten die Menschen erkennen, die sich oben auf den Mauern dem Brand Einhalt zu tun eifrig bemühten, wir konnten die frei stehenden, zusammenstürzenden Gesparre bemerken und unterscheiden. Dieses alles geschah in Gesellschaft von Bekannten und Unbekannten, wobei es unsägliche, oft widersprechende Bemerkungen gab und gar verschiedene Gesinnungen geäußert wurden. Ich war in eine Batterie getreten, die eben gewaltsam arbeitete, allein der fürchterlich dröhnende Klang abgefeuerter Haubitzen fiel meinem friedlichen Ohr unerträglich: ich musste mich bald entfernen. Da traf ich auf den Fürsten Reuß den XI., der mir immer ein freundlicher, gnädiger Herr gewesen. Wir gingen hinter Weinbergsmauern hin und her, durch sie geschützt vor den Kugeln, welche heraus zu senden die Belagerten nicht faul waren. Nach mancherlei politischen Gesprächen, die uns denn freilich nur in ein Labyrinth von Hoffnungen und Sorgen verwickelten, fragte mich der Fürst, womit ich mich gegenwärtig beschäftige, und war sehr verwundert, als ich, anstatt von Tragödien und Romanen zu vermelden, aufgeregt durch die heutige Refraktionserscheinung, von der Farbenlehre mit großer Lebhaftigkeit zu sprechen begann. Denn es ging mir mit diesen Entwickelungen natürlicher Phänomene wie mit Gedichten: ich machte sie nicht, sondern sie machten mich. Das einmal erregte Interesse behauptete sein Recht, die Produktion ging ihren Gang, ohne sich durch Kanonenkugeln und Feuerballen im mindesten stören zu lassen. Der Fürst verlangte, dass ich ihm fasslich machen sollte, wie ich in dieses Feld geraten? Hier gereichte mir nun der heutige Fall zu besonderem Nutzen und Frommen.

Bei einem solchen Mann bedurft' es nicht vieler Worte, um ihn zu überzeugen, dass ein Naturfreund, der sein Leben gewöhnlich im Freien, es sei nun im Garten, auf der Jagd, reisend oder durch Feldzüge durchführt, Gelegenheit und Muße genug finde, die Natur im großen zu betrachten und sich mit den Phänomenen aller Art bekannt zu machen. Nun bieten aber atmosphärische Luft, Dünste, Regen, Wasser und Erde uns immerfort abwechselnde Farberscheinungen, und zwar unter so verschiedenen Bedingungen und Umständen, dass man wünschen müsse, solche bestimmter kennen zu lernen, sie zu sondern, unter gewisse Rubriken zu bringen, ihre nähere und fernere Verwandtschaft auszuforschen. Hierdurch gewinne man nun in jedem Fach neue Ansichten, unterschieden von der Lehre der Schule und von gedruckten Überlieferungen. Unsere Altväter hätten, begabt mit großer Sinnlichkeit, vortrefflich gesehen, jedoch ihre Beobachtungen nicht fort- und durchgesetzt; am wenigsten sei ihnen gelungen, die Phänomene wohl zu ordnen und unter die rechten Rubriken zu bringen.

Dergleichen war abgehandelt, als wir den feuchten Rasen hin und her gingen; ich setze, aufgeregt durch Fragen und Einreden, meine Lehre fort, als die Kälte des einbrechenden Morgens uns an ein Biwak der Österreicher trieb, welches, die ganze Nacht unterhalten, einen ungeheueren wohltätigen Kohlenkreis darbot. Eingenommen von meiner Sache, mit der ich mich erst seit zwei Jahren beschäftigte und die also noch in einer frischen, unreifen Gärung begriffen war, hätte ich kaum wissen können, ob der Fürst mir auch zugehört, wenn er nicht einsichtige Worte dazwischen gesprochen und zum Schluss meinen Vortrag wieder aufgenommen und beifällige Aufmunterung gegönnt hätte.

Wie ich denn immer bemerkt habe, dass mit Geschäfts- und Weltleuten, die sich gar vielerlei aus dem Stegreif müssen vortragen lassen und deshalb immer auf ihrer Hut sind, um nicht hintergangen zu werden, viel besser auch in wissenschaftlichen Dingen zu handeln ist, weil sie den Geist frei halten und dem Referenten aufpassen, ohne weiteres Interesse als eigene Aufklärungen; da Gelehrte hingegen gewöhnlich nichts hören, als was sie gelernt und gelehrt haben und worüber sie mit ihresgleichen übereingekommen sind. In die Stelle des Gegenstandes setzt sich ein Wort-Kredo, bei welchem denn so gut zu verharren ist als bei irgendeinem andern.

Der Morgen war frisch, aber trocken; wir gingen, teils gebraten, teils erstarrt, wieder auf und ab und shaen an den Weinbergsmauern sich auf einmal etwas regen. Es war ein Pikett Jäger, das die Nacht da zugebracht hatte, nun aber Büchse und Tornister wieder aufnahm, hinab in die niedergebrannten Vorstädte zog, um von da aus die Wälle zu beunruhigen. Einem wahrscheinlichen Tod entgegengehend, sangen sie sehr libertine Lieder, in dieser Lage vielleicht verzeihbar.

Kaum verließen sie die Stätte, als ich auf der Mauer, an der sie geruht, ein sehr auffallendes geologisches Phänomen zu bemerken glaubte: ich sah auf dem von Kalkstein errichteten weißen Mäuerchen ein Gesims von hellgrünen Steinen völlig von der Farbe des Jaspis und war höchlich betroffen, wie mitten in diesen Kalkflözen eine so merkwürdige Steinart in solcher Menge sich sollte gefunden haben. Auf die eigenste Weise ward ich jedoch entzaubert, als ich, auf das Gespenst losgehend, sogleich bemerkte, dass es das Innere von verschimmeltem Brot sei, das, den Jägern ungenießbar, mit gutem Humor ausgeschnitten und zu Verzierung der Mauer ausgebreitet worden.

Hier gab es nun sogleich Gelegenheit, von der, seitdem wir in Feindesland eingetreten, immer wieder zur Sprache kommenden Vergiftung zu reden; welche freilich ein kriegendes Heer mit panischem Schrecken erfüllt, indem nicht allein jede vom Wirt angebotene Speise, sondern auch das selbstgebackene Brot verdächtig wird, dessen innerer, schnell sich entwickelnder Schimmel ganz natürlichen Ursachen zuzuschreiben ist.

Es war den 1. September früh um acht Uhr, als das Bombardement aufhörte, ob man gleich noch immerfort

Kugeln hinüber und herüber wechselte. Besonders hatten die belagerten einen Vierundzwanzig-Pfünder gegen uns gekehrt, dessen sparsame Schüsse sie mehr zum Scherz als Ernst verwendeten.

Auf der freien Höhe zur Seite der Weinberge, grad' im Angesicht dieses gröbsten Geschützes, waren zwei Husaren zu Pferd aufgestellt, um Stadt und Zwischenraum aufmerksam zu beobachten. Diese blieben die Zeit ihrer Postierung über unangefochten. Weil aber bei der Ablösung sich nicht allein die Zahl der Mannschaft vermehrte, sondern auch manche Zuschauer grad' in diesem Augenblick herbeiliefen und ein tüchtiger Klump Menschen zusammenkam, so hielten jene ihre Ladung bereit. Ich stand in diesem Augenblick mit dem Rücken dem ungefähr hundert Schritt entfernten Husaren- und Volkstrupp zugekehrt, mich mit einem Freund besprechend, als auf einmal der grimmige, pfeifend-schmetternde Ton hinter mir hersauste, so dass ich mich auf dem Absatz herumdrehte, ohne sagen zu können, ob der Ton, die bewegte Luft, eine innere psychische, sittliche Anregung dieses Umkehren hervorgebracht. Ich sah die Kugel, weit hinter der auseinander gestobenen Menge, noch durch einige Zäune rikoschettieren. Mit großem Geschrei lief man ihr nach, als sie aufgehört hatte, furchtbar zu sein; niemand war getroffen, und die Glücklichen, die sich dieser runden Eisenmasse bemächtigt, trugen sie im Triumph umher.

Gegen Mittag wurde die Stadt zum zweiten Mal aufgefordert und erbat sich vierundzwanzig Stunden Bedenkzeit. Diese nutzten auch wir, uns etwas bequemer einzurichten, um zu proviantieren, die Gegend umher zu bereiten, wobei ich denn nicht unterließ, mehrmals zu der unterrichtenden Quelle zurückzukehren, wo ich meine Beobachtungen ruhiger und besonnener anstellen konnte; denn das Wasser war rein ausgefischt und hatte sich vollkommen klar und ruhig gesetzt, um das Spiel der niedersinkenden Flämmchen nach Lust zu wiederholen, und ich befand mich in der angenehmsten Gemütsstimmung. Einige Unglücksfälle versetzten uns wieder bald in Kriegszustand.

Ein Offizier von der Artillerie suchte sein Pferd zu tränken, der Wassermangel in der Gegend war allgemein; meine Quelle, an der er vorbei ritt, lag nicht flach genug, er begab sich nach der nahe fließenden Maas, wo er an einem abhängigen Ufer versank: das Pferd hatte sich gerettet, ihn trug man tot vorbei.

Kurz darauf sah und hörte man eine starke Explosion im österreichischen Lager, an dem Hügel, zu dem wir hinaufsehen konnten; Knall und Dampf wiederholte sich einige Mal. Bei einer Bombenfüllung war durch Unvorsichtigkeit Feuer entstanden, das höchste Gefahr drohte; es teilte sich schon gefüllten Bomben mit, und man hatte zu fürchten, der ganze Vorrat möcht ein die Luft gehen. Bald aber war die Sorge gestillt durch rühmliche Tat kaiserlicher Soldaten, welche, die bedrohende Gefahr verachtend, Pulver und gefüllte Bomben aus dem Zeltraum eilig hinaustrugen.

So ging auch dieser Tag hin. Am andern Morgen ergab sich die Stadt und ward in Besitz genommen; sogleich aber sollte uns ein republikanischer Charakterzug begegnen. Der Kommandant Beaurepaire, bedrängt von der bedrängten Bürgerschaft, die bei fortdauerndem Bombardement ihre ganze Stadt verbrannt und zerstört sah, konnte die Übergabe nicht länger verweigern; als er aber auf dem Rathaus in voller Sitzung seine Zustimmung gegeben hatte, zog er ein Pistole hervor und erschoss sich, um abermals ein Beispiel höchster patriotischer Aufopferung darzustellen.

Nach dieser so schnellen Eroberung von Verdun zweifelte niemand mehr, dass wir bald darüber hinausgelangen und in Chalons und Epernay uns von den bisherigen Leiden an gutem Weine bestens erholen sollten. Ich ließ daher ungesäumt die Jägerischen Karten, welche den Weg nach Paris bezeichneten, zerschneiden und sorgfältig aufziehen, auch auf die Rückseite weißes Papier kleben, wie ich es schon bei der ersten getan, um kurze Tagesbemerkungen flüchtig aufzuzeichnen.

Den 3. September.

Früh hatte sich eine Gesellschaft zusammengefunden, nach der Stadt zu reiten, an die ich mich anschloss. Wir fanden gleich beim Eintritt große frühere Anstalten, die auf einen längeren Widerstand hindeuteten: das Straßenpflaster war in der Mitte durchaus aufgehoben und gegen die Häuser angehäuft; das feuchte Wetter machte deshalb das Umherwandeln nicht erfreulich. Wir besuchten aber sogleich die namentlich gerühmten Läden, wo der beste Likör aller Art zu haben war. Wir probierten ihn durch und versorgten uns mit mancherlei Sorten. Unter andern war einer namens Baume humain, welcher, weniger süß, aber stärker, ganz besonders erquickte. Auch die Drageen, überzuckerte kleine Gewürzkörner in saubern, zylindrischen Deuten, wurden nicht abgewiesen. Bei so vielem Guten gedachte man nun der lieben Zurückgelassenen, denen dergleichen am friedlichen Ufer der Ilm gar wohl behagen möchte. Kistchen wurden gepackt; gefällige, wohlwollende Kuriere, das bisherige Kriegsglück in Deutschland zu melden beauftragt, waren geneigt, sich mit einigem Gepäck dieser Art zu belasten, wodurch sich denn die Freundinnen zu Hause in höchster Beruhigung überzeugen mochten, dass wir in einem Land wallfahrteten, wo Geist und Süßigkeit niemals ausgehen dürfen.

Als wir nun darauf die teilweise verletzte und verwüstete Stadt beschauten, waren wir veranlasst, die Bemerkung zu wiederholen: dass bei solchem Unglück, welches der Mensch dem Menschen bereitet, wie bei dem, was die Natur uns zuschickt, einzelne Fälle vorkommen, die auf eine Schickung, eine günstige Vorsehung hinzudeuten scheinen. Der untere Stock eines Eckhauses auf dem Markt ließ einen von vielen Fenstern wohl erleuchteten Fayence-Laden sehen; man machte uns aufmerksam, dass eine Bombe, von dem Platz aufschlagend, an den schwachen steinernen Türpfosten des Ladens gefahren, von demselben aber wieder abgewiesen, andere Richtung genommen habe. Der Türpfosten war wirklich beschädigt, aber er hatte die Pflicht eines guten Vorfechters getan: die Glanzfülle des oberflächlichen Porzellans stand in widerspiegelnder Herrlichkeit hinter den wasserhellen, wohl geputzten Fenstern.

Mittags am Wirtstisch wurden wir mit guten Schöpsenkeulen und Wein von Bar traktiert, den man, weil er nicht verfahren werden kann, im Land selbst aufsuchen und genießen muss. Nun ist aber an solchen Tischen Sitte, dass man wohl Löffel, jedoch weder Messer noch Gabel erhält, die man daher mitbringen muss. Von dieser Landesart unterrichtet, hatten wir schon solche Bestecke angeschafft, die man dort flach und zierlich gearbeitet zu kaufen findet. Muntere, resolute Mädchen warteten auf, nach derselben Art und Weise, wie sie vor einigen Tagen ihrer Garnison noch aufgewartet hatten.

Bei der Besitznehmung von Verdun ereignete sich jedoch ein Fall, der, obgleich nur einzeln, großes Aufsehen erregte und allgemeine Teilnahme heran rief. Die Preußen zogen ein, und es fiel aus der französischen Volksmasse ein Flintenschuss, der niemand verletzte, dessen Wagestück aber ein französischer Grenadier nicht verleugnen konnte und wollte. Auf der Hauptwache, wohin er gebracht wurde, hab' ich ihn selbst gesehen: es war ein sehr schöner, wohl gebildeter, junger Mann, festen Blicks und ruhigen Betragens. Bis sein Schicksal entschieden wäre, hielt man ihn lässlich. Zunächst an der Wache war eine Brücke, unter der ein Arm der Maas durchzog; er setzte sich aufs Mäuerchen, blieb eine Zeitlang ruhig, dann überschlug er sich rückwärts in die Tiefe und ward nur tot aus dem Wasser herausgebracht.

Diese zweite heroische, ahnungsvolle Tat erregte leidenschaftlichen
Hass bei den frisch Eingewanderten, und ich hörte sonst verständige
Personen behaupten, man möchte weder diesem noch dem Kommandanten
ein ehrlich Begräbnis gestatten. Freilich hatte man sich andere
Gesinnungen versprochen, und noch sah man nicht die geringste
Bewegung unter den fränkischen Truppen, zu uns überzugehen.

Größere Heiterkeit verbreitete jedoch die Erzählung, wie der König in Verdun aufgenommen worden: vierzehn der schönsten, wohl erzogensten Frauenzimmer hatten Ihro Majestät mit angenehmen Reden, Blumen und Früchten bewillkommnt. Seine Vertrautesten jedoch rieten ihm ab, vom Genuss Vergiftung befürchtend; aber der großmütige Monarch verfehlte nicht, diese wünschenswerten Gaben mit galanter Wendung anzunehmen und sie zutraulich zu kosten. Diese reizenden Kinder schienen auch unseren jungen Offizieren einiges Vertrauen eingeflößt zu haben; gewiss, diejenigen, die das Glück gehabt, dem Ball beizuwohnen, konnten nicht genug von Liebenswürdigkeit, Anmut und gutem Betragen sprechen und rühmen.

Aber auch für solidere Genüsse war gesorgt: denn, wie man gehofft und vermutet hatte, fanden sich die besten und reichlichsten Vorräte in der Festung, und man eilte, vielleicht nur zu sehr, sich daran zu erholen. Ich konnte gar wohl bemerken, dass man mit geräuchertem Speck und Fleisch, mit Reis und Linsen und andern guten und notwendigen Dingen nicht haushältisch genug verfahre, welches in unserer Lage bedenklich schien. Lustig dagegen war die Art, wie ein Zeughaus, oder Waffensammlung aller Art, ganz gelassen geplündert ward. In ein Kloster hatte man allerlei Gewehre, mehr alte als neue, und mancherlei seltsame Dinge gebracht, womit der Mensch, der sich zu wehren Lust hat, den Gegner abhält oder wohl gar erlegt.

Mit jener sanften Plünderung aber verhielt es sich folgendermaßen: als nach eingenommener Stadt die hohen Militärpersonen sich von den Vorräten aller Art zu überzeugen gedachten, begaben sie sich ebenfalls in diese Waffensammlung, und indem sie solche für das allgemeine Kriegsbedürfnis in Anspruch nahmen, fanden sie manches Besondere, welches dem einzelnen zu besitzen nicht unangenehm wäre, und niemand war leicht mit Musterung dieser Waffen beschäftigt, der nicht auch für sich etwas herausgemustert hätte. Dies ging nun durch alle Grade durch, bis dieser Schatz zuletzt beinahe ganz ins Freie fiel. Nun gab jedermann der angestellten Wache ein kleines Trinkgeld, um sich diese Sammlung zu besehen, und nahm dabei etwas mit heraus, was ihm anstehen mochte. Mein Diener erbeutete auf diese Weise einen flachen, hohen Stock, der, mit Bindfaden stark und geschickt umwunden, dem ersten Anblick nach nichts weiter erwarten ließ, seine Schwere aber deutete auf einen gefährlichen Inhalt: auch enthielt er eine sehr breite, wohl vier Fuß lange Degenklinge, womit eine kräftige Faust Wunder getan hätte.

So zwischen Ordnung und Unordnung, zwischen Erhalten und Verderben, zwischen Rauben und Bezahlen lebte man immer hin, und dies mag es wohl sein, was den Krieg für das Gemüt eigentlich verderblich macht. Man spielt den Kühnen, Zerstörenden, dann wieder den Sanften, Belebenden; man gewöhnt sich an Phrasen, mitten in dem verzweifeltsten Zustand Hoffnung zu erregen und zu beleben; hierdurch entsteht nun eine Art von Heuchelei, die einen besonderen Charakter hat und sich von der pfäffischen, höfischen, oder wie sie sonst heißen mögen, ganz eigen unterscheidet.

Einer merkwürdigen Person aber muss ich noch gedenken, die ich, zwar nur in der Entfernung, hinter Gefängnisgittern, gesehen: es war der Postmeister von Sainte Menehould, der sich ungeschickterweise von den Preußen hatte fangen lassen. Er scheute keineswegs die Blicke der Neugierigen und schien bei seinem ungewissen Schicksal ganz ruhig. Die Emigrierten behaupteten, er habe tausend Tode verdient, und hetzten deshalb an den obersten Behörden, denen aber zum Ruhm zu rechnen ist, dass sie in diesem, wie in andern Fällens ich mit geziemender Ruhe und anständigem Gleichmut betragen.

Am 4. September.

Die viele Gesellschaft, die ab- und zuging, belebte unsere Zelte den ganzen Tag; man hörte vieles erzählen, vieles bereden und beurteilen, die Lage der Dinge tat sich deutlicher auf als bisher. Alle waren einig, dass man so schnell als möglich nach Paris vordringen müsse. Die Festungen Montmedy und Sedan hatte man unerobert sich zur Seite gelassen und schien von der in dortiger Gegend stehenden Armee wenig zu befürchten.

Lafayette, auf welchem das Vertrauen des Kriegsvolks beruhte, war genötigt gewesen, aus der Sache zu scheiden; er sah sich gedrängt, zum Feind überzugehen, und ward als Feind behandelt. Dumouriez, wenn er auch sonst als Minister Einsicht in Militärangelegenheiten beweisen hatte, war durch keinen Feldzug berühmt, und aus der Kanzlei zum Oberbefehl der Armee befördert, schien er auch nur jene Inkonsequenz und Verlegenheit des Augenblicks zu beweisen. Von der andern Seite verlauteten die traurigen Vorfälle von der Hälfte des Augusts aus Paris, wo, dem braunschweigschen Manifest zum Trutz, der König gefangen genommen, abgesetzt und als Missetäter behandelt wurde. Was aber für die nächsten Kriegsoperationen höchst bedenklich sei, war am umständlichsten besprochen.

Der waldbewachsene Gebirgsriegel, welcher die Aire von Süden nach Norden an ihm herzufließen nötigt, Forêt d'Argonne genannt, lag unmittelbar vor uns und heilt unsere Bewegung auf. Man sprach viel von den Isletten, dem bedeutenden Pass zwischen Verdun und Sainte Menehould. Warum er nicht besetzt werde, besetzt worden sei, darüber konnte man sich nicht vereinigen. Die Emigrierten sollten ihn einen Augenblick überrumpelt haben, ohne ihn halten zu können. Die abziehende Besatzung von Longwy hatte sich, so viel wusste man, dorthin gezogen; auch Dumouriez schickte, während wir uns auf dem Marsch nach Verdun und mit dem Bombardement der Stadt beschäftigten, Truppen quer über durchs Land, um diesen Posten zu verstärken und den rechten Flügel seiner Position hinter Grandpré zu decken und so den Preußen, Österreichern und Emigrierten ein zweites Thermopylä entgegenzustellen.

Man gestand sich einander die höchst unglückliche Lage und musste sich in die Anstalten fügen, wonach die Armee, welche unaufhaltsam gerade vorwärts hätten dringen sollen, die Aire hinabziehen sollte, um sich an den verschanzten Bergschluchten auf gut Glück zu versuchen; wobei noch für höchst vorteilhaft galt, dass Clermont den Franzosen entrissen und von Hessen besetzt sei, welche, gegen die Isletten operierend, sie wo nicht wegnehmen, doch beunruhigen konnten.

Den 6. September.

In diesem Sinn ward nunmehr das Lager verändert und kam hinter Verdun zu stehen; das Hauptquartier des Königs, Glorieux, des Herzogs von Braunschweig, Regret genannt, gab zu wunderlichen Betrachtungen Anlass. An den ersten Ort gelangt' ich selbst durch einen verdrießlichen Zufall. Des Herzogs von Weimar Regiment sollte bei Jardin Fontaine zu stehen kommen, nahe an der Stadt und der Maas; zum Tor fuhren wir glücklich heraus, indem wir uns in den Wagenzug eines unbekannten Regiments einschwärzten und von ihm fortschleppen ließen, obgleich zu bemerken war, dass man sich zu weit entferne; auch hätten wir nicht einmal bei dem schmalen Weg aus der Reihe weichen können, ohne uns in den Gräben unwiederbringlich zu verfahren. Wir schauten rechts und links, ohne zu entdecken, wir fragten ebenso und erhielten keinen Bescheid; denn alle waren fremd wie wir und aufs verdrießlichste von dem Zustand angegriffen. Endlich auf eine sanfte Höhe gelangt, sah ich links unten in einem Tal, das zu guter Jahrszeit ganz angenehm sein mochte, einen hübschen Ort mit bedeutenden Schlossgebäuden, wohin glücklicherweise ein sanfter grüner Rain uns bequem hinunterzubringen versprach. Ich ließ umso eher aus der schrecklichen Fahrleise hinabwärts ausbiegen, als ich unten Offiziere und Reitknechte hin und wider sprengen, Packwagen und Chaisen aufgefahren sah; ich vermutete eins der Hauptquartiere, und so fand sich's: es war Glorieux, der Aufenthalt des Königs. Aber auch da war mein Fragen, wo Jardin Fontaine liege, ganz umsonst. Endlich begegnete ich, wie einem Himmelsboten, Herrn von Alvensleben, der sich mir früher freundlich erwiesen hatte; dieser gab mir denn Bescheid, ich solle den von allem Fuhrwerk freien Dorfweg im Tal bis nach der Stadt verfolgen, vor derselben aber links durchzudringen suchen, und ich würde Jardin Fontaine gar bald entdecken.

Beides gelang mir, und ich fand auch unsere Zelte aufgeschlagen, aber im schrecklichsten Zustand: man sah sie in grundlosen Kot versenkt, die verfaulten Schlingen der Zelttücher zerrissen eine nach der andern, und die Leinwand schlug dem über Kopf und Schulter zusammen, der darunter sein Heil zu suchen gedachte. Eine Zeitlang hatte man's ertragen, doch fiel zuletzt der Entschluss dahin aus, das Örtchen selbst zu beziehen. Wir fanden in einem wohl eingerichteten Haus und Hof einen guten neckischen Mann als Besitzer, der ehemals Koch in Deutschland gewesen war; mit Munterkeit nahm er uns auf, im Erdgeschoss fanden sich schöne, heitere Zimmer, gutes Kamin, und was sonst nur erquicklich sein konnte.

Das Gefolge des Herzogs von Weimar ward aus der fürstlichen Küche versorgt; unser Wirt verlangte jedoch dringend, ich solle nur ein einziges Mal von seiner Kunst etwas kosten. Er bereitete mir auch wirklich ein höchst wohlschmeckendes Gastmahl, das mir aber sehr übel bekam, so dass ich wohl auch an Gift hätte denken können, wenn mir nicht noch zeitig genug der Knoblauch eingefallen wäre, durch welchen jene Schüsseln erst recht schmackhaft geworden, der auf mich aber, selbst in der geringsten Dosis, höchst gewaltsame Wirkung auszuüben pflegte. Das Übel war bald vorbei, und ich hielt mich nach wie vor desto lieber an die deutsche Küche, solange sie auch nur das mindeste leisten konnte.

Als es zum Abschied ging, überreichte der gut gelaunte Wirt meinem
Diener einen vorher versprochenen Brief nach Paris an eine Schwester,
die er besonders empfehlen wolle; fügte jedoch nach einigem Hin- und
Widerreden gutmütig hinzu: "Du wirst wohl nicht hinkommen."

Den 11. September.

Wir wurden also, nach einigen Tagen gütlicher Pflege, wieder in das schrecklichste Wetter hinausgestoßen; unser Weg ging auf dem Gebirgsrücken hin, der, die Gewässer der Maas und Aire scheidend, beide nach Norden zu fließen nötigt. Unter großen Leiden gelangten wir nach Malancourt, wo wir leere Keller und Küchen wirtlos fanden und schon zufrieden waren, unter Dach, auf trockner Bank eine spärliche, mitgebrachte Nahrung zu genießen. Die Einrichtung der Wohnungen selbst gefiel mir; sie zeugte von einem stillen, häuslichen Behagen: alles war einfach naturgemäß, dem unmittelbarsten Bedürfnis genügend. Dies hatten wir gestört, dies zerstörten wir; denn aus der Nachbarschaft erscholl ein Angstruf gegen Plünderer, worauf wir denn, hinzueilend, nicht ohne Gefahr dem Unfug für den Augenblick steuerten. Auffallend genug dabei war, dass die armen unbekleideten Verbrecher, denen wir Mäntel und Hemden entrissen, uns der härtesten Grausamkeit anklagten, dass wir ihnen nicht vergönnen wollten, auf Kosten der Feinde ihre Blöße zu decken.

Aber noch ein eigneren Vorwurf sollten wir erleben. In unser erstes Quartier zurückgekehrt, fanden wir einen vornehmen, uns sonst schon bekannten Emigrierten. Er ward freundlich begrüßt und verschmähte nicht frugale Bissen; allein man konnte ihm eine innere Bewegung anmerken, er hatte etwas auf dem Herzen, dem er durch Ausrufungen Luft zu machen suchte. Als wir nun, früherer Bekanntschaft gemäß, einiges Vertrauen in ihm zu erwecken suchten, so beschrie er die Grausamkeit, welche der König von Preußen an den französischen Prinzen ausübe. Erstaunt, fast bestürzt, verlangten wir nähere Erklärung. Da erfuhren wir nun: der König habe beim Ausmarsch von Glorieux, unerachtet des schrecklichsten Regens, keinen Überrock angezogen, keinen Mantel umgenommen, da denn die königlichen Prinzen ebenfalls sich dergleichen Wetter abwehrende Gewande hätten versagen müssen; unser Marquis aber habe diese allerhöchsten Personen, leicht gekleidet, durch und durch genässt, träufelnd von abfließender Feuchte, nicht ohne das größte Bejammern anschauen können, ja er hätte, wenn es nütze gewesen wäre, sein Leben daran gewendet, sie in einem trockenen Wagen dahin ziehen zu sehen, sie, auf denen Hoffnung und Glück des ganzen Vaterlandes beruhe, die an eine ganz andere Lebensweise gewöhnt seien.

Wir hatten freilich darauf nichts zu erwidern, denn ihm konnte die Betrachtung nicht tröstlich werden, dass der Krieg, als ein Vortod, alle Menschen gleich mache, allen Besitz aufhebe und selbst die höchste Persönlichkeit mit Pein und Gefahr bedrohe.

Den 12. September.

Den andern Morgen aber entschloss ich mich, in Betracht so hoher Beispiele, meine leichte und doch mit vier requirierten Pferden bespannte Chaise unter dem Schutz des zuverlässigen Kämmerier Wagner zu lassen, welchem die Equipage und das so nötige bare Geld nachzubringen aufgetragen war. Ich schwang mit, mit einigen guten Gesellen, zu Pferde, und so begaben wir uns auf den Marsch nach Landres. Wir fanden auf Mitte Wegs Wellen und Reisig eines abgeschlagenen Birkenhölzchens, deren innere Trockenheit die äußere Feuchte bald überwand und uns lohe Flamme und Kohlen, zur Erwärmung wie zum Kochen genugsam, sehr schnell zum besten gab. Aber die schöne Anstalt einer Regimentstafel war schon gestört: Tische, Stühle und Bänke sah man nicht nachkommen, man behalf sich stehend, vielleicht angelehnt, so gut es gehen wollte. Doch war das Lager gegen Abend glücklich erreicht; so kampierten wir unsern Landres, gerade Grandpré gegenüber, wussten aber gar wohl, wie stark und vorteilhaft der Pass besetzt sei. Es regnete unaufhörlich, nicht ohne Windstoß; die Zeltdecke gewährte wenig Schutz.

Glückselig aber der, dem eine höhere Leidenschaft den Busen füllte! Die Farbenerscheinung der Quelle hatte mich diese Tage her nicht einen Augenblick verlassen; ich überdachte sie hin und wieder, um sie zu bequemen Versuchen zu erheben. Da diktierte ich an Vogel, der sich auch hier als treuen Kanzleigefährten erwies, ins gebrochene Konzept und zeichnete nachher die Figuren daneben. Diese Papiere besitz' ich noch mit allen Merkmalen des Regenwetters und als Zeugnis eines treuen Forschens auf eingeschlagenem, bedenklichem Pfad. Den Vorteil aber hat der Weg zum Wahren, dass man sich unsicherer Schritte, eines Umwegs, ja, eines Fehltritts noch immer gern erinnert.

Das Wetter verschlimmerte sich und ward in der Nacht so arg, dass man es für das höchste Glück schätzen musste, sie unter der Decke des Regimentswagens zuzubringen. Wie schrecklich war da der Zustand, wenn man bedachte, dass man im Angesicht des Feindes gelagert sei und befürchten musste, dass er aus seinen Berg- und Waldverschanzungen irgendwo hervorzubrechen Lust haben könne.

Vom 13. bis zum 17. September.

Traf der Kämmerier Wagner, den Pudel mit eingeschlossen, bei guter Zeit mit aller Equipage bei uns ein: er hatte eine schreckliche Nacht verlebt, war nach tausend anderen Hindernissen im Finstern von der Armee abgekommen, verführt durch schlaf- und weintrunkene Knechte eines Generals, denen er nachfuhr. Sie gelangten in ein Dorf und vermuteten die Franzosen ganz nahe. Von allerlei Alarm geängstigt, verlassen von Pferden, die aus der Schwemme nicht zurückkehrten, wusste er sich denn so zu richten und zu schicken, dass er von dem unseligen Dorf loskam und wir uns zuletzt mit allem mobilen Hab und Gut wieder zusammenfanden.

Endlich gab es eine Art von erschütternder Bewegung und zugleich von Hoffnung: man hörte auf unserm rechten

Flügel stark kanonieren und sagte sich: General Clerfiat sei aus den Niederlanden angekommen und habe die Franzosen auf ihrer linken Flanke angegriffen. Alles war äußerst gespannt, den Erfolg zu vernehmen.

Ich ritt nach dem Hauptquartier, um näher zu erfahren, was die Kanonade bedeute und was eigentlich zu erwarten sei. Man wusste daselbst noch nichts genau, als dass General Clerfait mit den Franzosen ahndgemein sein müsse. Ich traf auf den Major von Weyrach, der sich aus Ungeduld und Langeweile soeben zu Pferd setze und an die Vorposten reiten wollte; ich begleitete ihn, und wir gelangten bald auf eine Höhe, wo man sich weit genug umsehen konnte. Wir trafen auf einen Husarenposten und sprachen mit dem Offizier, einem jungen, hübschen Mann. Die Kanonade war weit über Grandpré hinaus, und er hatte Order, nicht vorwärts zu gehen, um nicht ohne Not eine Bewegung zu verursachen. Wir hatten uns nicht lange besprochen, als Prinz Louis Ferdinand mit einigem Gefolge ankam, nach kurzer Begrüßung und Hin- und Widerreden von dem Offizier verlangte, dass er vorwärts gehen solle. Dieser tat dringende Vorstellungen, worauf der Prinz aber nicht achtete, sondern vorwärts ritt, dem wir denn alle folgen mussten. Wir warne nicht weit gekommen, als ein französischer Jäger sich von fern sehen ließ, an uns bis auf Büchsenschussweite heransprengte und sodann umkehrend ebenso schnell wieder verschwand. Ihm folgte der zweite, dann der dritte, welche ebenfalls wieder verschwanden. Der vierte aber, wahrscheinlich der erste, schoss die Büchse ganz ernstlich auf uns ab, man konnte die Kugel deutlich pfeifen hören. Der Prinz ließ sich nicht irren, und jene treiben auch ihr Handwerk, so dass mehrere Schüsse fielen, indem wir unsern Weg verfolgten. Ich hatte den Offizier manchmal angesehen, der zwischen seiner Pflicht und zwischen dem Respekt vor einem königlichen Prinzen in der größten

Verlegenheit schwankte. Er glaubte wohl, in meinen Blicken etwas Teilnehmendes zu lesen, ritt auf mich zu und saget: "Wenn Sie irgendetwas auf den Prinzen vermögen, so ersuchen Sie ihn, zurückzugehen, er setzt mich der größten Verantwortung aus: ich habe den strengsten Befehl, meine angewiesenen Posten nicht zu verlassen, und es ist nichts vernünftiger, als dass wir den Feind nicht reizen, der hinter Grandpré in einer festen Stellung gelagert ist. Kehrt der Prinz nicht um, so ist in kurzem die ganze Vorpostenkette alarmiert, man weiß im Hauptquartier nicht, was es heißen soll, und der erste Verdruss ergeht über mich ganz ohne meine Schuld." Ich ritt an den Prinzen heran und sagte: "Man erzeigt mir soeben die Ehre, mir einigen Einfluss auf Ihro Hoheit zuzutrauen, deshalb ich um geneigtes Gehör bitte." Ich brachte ihm darauf die Sache mit Klarheit vor, welches kaum nötig gewesen wäre: denn er sah selbst alles vor sich und war freundlich genug, mit einigen guten Worten sogleich umzukehren, worauf denn auch die Jäger verschwanden und zu schießen aufhörten. Der Offizier dankte mir aufs verbindlichste, und man sieht hieraus, dass ein Vermittler überall willkommen ist.

Nach und nach klärte sich's auf. Die Stellung Dumouriez'
bei Grandpré war höchst fest und vorteilhaft; dass er auf
seinem rechten Flügel nicht anzugreifen sei, wusste man
wohl; auf seiner Linken waren zwei bedeutende Pässe, La
Croix aux Bois und Le Chêne Populeux, beide wohl
verhauen und für unzugänglich gehalten; allein der letzte
war einem Offizier anvertraut, einem dergleichen Auftrag
nicht gewachsenen oder nachlässigen. Die Österreicher
griffen an: bei der ersten Attacke blieb Prinz von Ligne, der
Sohn, sodann aber gelang es, man überwältigte den Posten,
und der große Plan Dumouriez' war zerstört: er musste
seine Stellung verlassen und sich die Aisne hinaufwärts
ziehen, und preußische Husaren konnten durch den Pass
dringen und jenseits des Argonner Waldes nachsetzen. Sie
verbreiteten einen solchen panischen Schrecken über das
französische Heer, dass zehntausend Mann vor fünfhundert
flohen und nur mit Mühe konnten zum Stehen gebracht
und wieder gesammelt werden; wobei sich das Regiment
Chamborant besonders hervortrat und den Unsrigen ein
weiteres Vordringen verwehrte, welche, ohnehin nur
gewissermaßen auf Rekognoszieren ausgeschickt, siegreich
mit Freuden zurückkehrten und nicht leugneten, einige
Wagen gute Beute gemacht zu haben. In das unmittelbar
Brauchbare, Geld und Kleidung, hatten sie sich geteilt, mir
aber als einem Kanzleimann kamen die Papiere zugute,
worunter ich einige ältere Befehle Lafayettes und mehrere
höchst sauber geschriebene Listen fand. Was mich aber am
meisten überraschte, war ein ziemlich neuer "Moniteur".
Dieser Druck, dieses Format, mit dem man seit einigen
Jahren ununterbrochen bekannt gewesen und die man nun
seite mehreren Wochen nicht gesehen, begrüßten mich auf
eine etwas unfreundliche Weise, indem ein lakonischer
Artikel vom 3. September mir drohend zurief: *Les Prussiens
pourront venir à Paris, mais ils n'en sortiront pas.* Also hielt man

denn doch in Paris für möglich, wir könnten hingelangen; dass wir wieder zurückkehrten, dafür mochten die oberen Gewalten sorgen.

Die schreckliche Lage, in der man sich zwischen Erde und Himmel befand, war einigermaßen erleichtert, als man die Armee zurücken und eine Abteilung der Avantgarde nach der andern vorwärts ziehen sah. Endlich kam die Reihe auch an uns: wir gelangten über Hügel, durch Täler, Weinberge vorbei, an denen man sich auch wohl erquickte. Man kam sodann zu aufgehellter Stunde in eine freiere Gegend und sah in einem freundlichen Tal der Aire das Schloss von Grandpré auf einer Höhe sehr wohl gelegen, eben an dem Punkt, wo genannter Fluss sich westwärts zwischen die Hügel drängt, um auf der Gegenseite des Gebirgs sich mit der Aisne zu verbinden, deren Gewässer, immer dem Sonnenuntergang zu, durch Vermittlung der Oise endlich in die Seine gelangen; woraus denn ersichtlich, dass der Gebirgsrücken, der uns von der Maas trennte, zwar nicht von bedeutender Höhe, doch von entschiedenem Einfluss auf den Wasserlauf, uns in eine andere Flussregion zu nötigen geeignet war.

Auf diesem Zug gelangte ich zufällig in das Gefolge des Königs, dann des Herzogs von Braunschweig; ich unterhielt mich mit Fürst Reuß und andern diplomatisch-militärischen Bekannten. Diese Reitermassen machten zu der angenehmen Landschaft eine reiche Staffage, man hätte einen van der Meulen gewünscht, um solchen Zug zu verewigen: alles war heiter, munter, voller Zuversicht und heldenhaft. Einige Dörfer brannten zwar vor uns auf, allein der Rauch tut in einem Kriegsbild auch nicht übel. Man hatte, so hieß es, aus den Häusern auf den Vortrab geschossen und dieser, nach Kriegsrecht, sogleich die Selbstrache geübt. Es ward getadelt, war aber nicht zu ändern; dagegen nahm man die Weinberge in Schutz, von denen sich die Besitzer doch keine große Lese versprechen durften, und so ging es zwischen Freund- und feindseligem Betragen immer vorwärts.

Wir gelangten, Grandpré hinter uns lassend, an und über die Aisne und lagerten bei Vaux les Mourons; hier waren wir nun in der verrufenen Champagne, es sah aber so übel noch nicht aus. Über dem Wasser an der Sonnenseite erstreckten sich wohl gehaltene Weinberge, und wo man Dörfer und Scheunen visitierte, fanden sich Nahrungsmittel genug für Menschen und Tiere, nur leider der Weizen nicht ausgedroschen, noch weniger genugsame Mühlen; Öfen zum Backen waren auch selten, und so fing es wirklich an, sich einem tantalischen Zustand zu nähern.

Am 18. September.

Dergleichen Betrachtungen anzustellen, versammelte sich eine große Gesellschaft, die überhaupt, wo es Halt gab, sich immer mit einigem Zutrauen, besonders beim Nachmittagskaffee, zusammenfügte; sie bestand aus wunderlichen Elemente, Deutschen und Franzosen, Kriegern und Diplomaten, alles bedeutende Personen, erfahren, klug, geistreich, aufgeregt durch die Wichtigkeit des Augenblicks, Männer, sämtlich von Wert und Würde, aber doch eigentlich nicht in den innern Rat gezogen und also desto mehr bemüht, auszusinnen, was beschlossen sein, was geschehen könnte.

Dumouriez, als er den Pass von Grandpré nicht länger halten konnte, hatte sich die Aisne hinaufgzeogen, und da ihm der Rücken durch die Isletten gesichert war, sich auf die Höhen von Sainte Menehould, die Fronte gegen Frankreich gestellt. Wir waren durch den engen Pass hereingedrungen, hatten uneroberte Festen: Sedan, Montmedy, Stenay, im Rücken und an der Seite, die uns jede Zufuhr nach Beleiben erschweren konnten. Wir betraten beim schlimmsten Wetter ein seltsames Land, dessen undankbarer Kalkboden nur kümmerlich ausgestreute Ortschaften ernähren konnte.

Freilich lag Reims, Chalons und ihre gesegneten Umgebungen nicht fern, man konnte hoffen, sich vorwärts zu erholen; die Gesellschaft überzeugte sich daher beinahe einstimmig, dass man auf Reims marschieren und sich Chalons' bemächtigen müsse; Dumouriez könne sich in seiner vorteilhaften Stellung alsdann nicht ruhig verhalten, eine Schlacht wäre unvermeidlich, wo es auch sei: man glaubte sie schon gewonnen zu haben.

Den 19. September.

Manches Bedenken gab es daher, als wir den 19. beordert wurden, auf
Massiges unsern Zug zu richten, die Aisne aufwärts zu verfolgen und
dieses Wasser sowohl als das Waldgebirge, näher oder ferner, linker
Hand zu behalten.

Nun erholte man sich unterwegs von solchen nachdenklichen Betrachtungen, indem man mancherlei Zufälligkeiten und Ereignissen eine heitere Teilnahme schenkte; ein wundersames Phänomen zog meine ganze Aufmerksamkeit auf sich. Man hatte, um mehrere Kolonnen nebeneinander fort zu schieben, die eine querfeldein über flache Hügel geführt, zuletzt aber, als man wieder ins Tal sollte, einen steilen Abhang gefunden; dieser ward nun alsbald, so gut es gehen wollte, abgeböscht, doch blieb er immer noch schroff genug. Nun trat eben zu Mittag ein Sonnenblick hervor und spiegelte sich in allen Gewehren. Ich hielt auf einer Höhe und sah jenen blinkenden Waffenfluss glänzend heranziehen; überraschend aber war es, als die Kolonne an den steilen Abhang gelangte, wo sich die bisher geschlossenen Glieder sprungweise trennten und jeder einzelne, so gut er konnte, in die Tiefe zu gelangen suchte. Diese Unordnung gab völlig den Begriff eines Wasserfalls: eine Unzahl durcheinander hin- und wider blinkender Bajonette bezeichneten die lebhafteste Bewegung. Und als nun unten am Fuß sich alles wieder gleich in Reih' und Glied ordnete und so, wie sie oben angekommen, nun wieder im Tal fortzogen, ward die Vorstellung eines Flusses immer lebhafter; auch war diese Erscheinung umso angenehmer, als ihre lange Dauer fort und fort durch Sonnenblicke begünstigt wurde, deren Wert man in solchen zweifelhaften Stunden nach langer Entbehrung erst recht schätzen lernte.

Nachmittags gelangten wir endlich nach Massiges, nur noch wenige Stunden vom Feind; das Lager war abgesteckt, und wir bezogen den für uns bestimmten Raum. Schon waren Pfähle geschlagen, die Pferde drangebunden, Feuer angezündet, und der Küchenwagen tat sich auf. Ganz unerwartet kam daher das Gerücht, das Lager solle nicht statthaben: denn es sei die Nachricht angekommen, das französische Heer zeihe sich von Sainte Menehould auf Chalons; der König wolle sie nicht entwischen lassen und habe daher Befehl zum Aufbruch gegeben: ich suchte an der rechten Schmiede hierüber Gewissheit und vernahm das, was ich schon gehört hatte, nur mit dem Zusatz: auf diese unsichere und unwahrscheinliche Nachricht sei der Herzog von Weimar und der General Heymann mit eben den Husaren, welche die Unruhe erregt, vorgegangen. Nach einiger Zeit kamen diese Generale zurück und versicherten, es sei nicht die geringste Bewegung zu bemerken; auch mussten jene Patrouillen gestehen, dass sie das Gemeldete mehr geschlossen als gesehen hätten.

Die Anregung aber war einmal gegeben, und der Befehl lautete: die
Armee solle vorrücken, jedoch ohne das mindeste Gepäck, alles
Fuhrwerk solle bis Maisons Champagne zurückkehren, dort eine
Wagenburg bilden und den, wie man voraussetzte, glücklichen Ausgang
einer Schlacht abwarten.

Nicht einen Augenblick zweifelhaft, was zu tun sei, überließ ich Wagen, Gepäck und Pferde meinem entschlossenen, sorgfältigen Bedienten und setze mich mit den Kriegsgenossen alsobald zu Pferde. Es war schon früher mehrmals zur Sprache gekommen, dass, wer sich in einen Kriegszug einlasse, durchaus bei den regulierten Truppen, welche Abteilung es auch sei, an die er sich angeschlossen, fest bleiben und keine Gefahr scheuen solle: denn was uns auch da betreffe, sei immer ehrenvoll; dahingegen bei der Bagage, beim Tross oder sonst zu verweilen, zugleich gefährlich und schmählich. Und so hatte ich auch mit den Offizieren des Regiments abgeredet, dass ich mich immer an sie und womöglich an die Leibschwadron anschließen wolle, weil ja dadurch ein so schönes und gutes Verhältnis nur immer besser befestigt werden könne.

Der Weg war das kleine Wasser die Tourbe hinauf vorgezeichnet, durch das traurigste Tal von der Welt, zwischen niedrigen Hügeln, ohne Baum und Busch; es war befohlen und eingeschärft, in aller Stille zu marschieren, als wenn wir den Feind überfallen wollten, der doch in seiner

Stellung das Heranrücken einer Masse von fünfzigtausend Mann wohl mochte erfahren haben. Die Nacht brach ein, weder Mond noch Sterne leuchteten am Himmel, es pfiff ein wüster Wind; die stille Bewegung einer so großen Menschenreihe in tiefer Finsternis war ein höchst Eigenes.

Indem man neben der Kolonne herritt, begegnete man mehreren bekannten Offizieren, die hin und wider sprengten, um die Bewegung des Marsches bald zu beschleunigen, bald zu retardieren. Man besprach sich, man heilt still, man versammelte sich. So hatte sich ein Kreis von vielleicht zwölf Bekannten und Unbekannten zusammengefunden, man fragte, klagte, wundete sich, schalt und räsonierte: das gestörte Mittagessen konnte man dem Heerführer nicht verzeihen. Ein munterer Gast wünschte sich Bratwurst und Brot, ein anderer sprang gleich mit seinen Wünschen zum Rehbraten und Sardellensalat; da das alles aber unentgeltlich geschah, fehlte es auch nicht an Pasteten und sonstigen Leckebissen, nicht an den köstlichsten Weinen, und ein so vollkommnes Gastmahl war beisammen, dass endlich einer, dessen Appetit übermäßig rege geworden, die ganze Gesellschaft verwünschte und die Pein einer aufgeregten Einbildungskraft im Gegensatz des größten Mangels ganz unerträglich schalt. Man verlor sich auseinander, und der einzelne war nicht besser dran als alle zusammen.

Den 19. September nachts.

So gelangten wir bis Somme Tourbe, wo man Halt machte; der König war in einem Gasthof abgetreten, vor dessen Türe der Herzog von Braunschweig in einer Art Laube Hauptquartier und Kanzlei errichtete. Der Platz war groß, es brannten mehrere Feuer, durch große Bündel Weinpfähle gar lebhaft unterhalten. Der Fürst Feldmarschall tadelte einige Mal persönlich, dass man die Flamme allzu stark auflodern lasse; wir besprachen uns darüber, und niemand wollte glauben, dass unsere Nähe den Franzosen ein Geheimnis geblieben sei.

Ich war zu spät angekommen und mochte mich in der Nähe umsehen, wie ich wollte, alles war schon, wo nicht verzehrt, doch in Besitz genommen. Indem ich so umherforschte, gaben mir die Emigrierten ein kluges Küchenschauspiel: sie saßen um einen großen, runden, flachen, abglimmenden Aschenhaufen, in den sich mancher Weinstab knisternd mochte aufgelöst haben; klüglich und schnell hatten sie sich aller Eier des Dorfes bemächtigt, und es sah wirklich appetitlich aus, wie die Eier in dem Aschenhaufen nebeneinander aufrecht standen und eins nach dem andern zu rechter Zeit schlurfbar herausgehoben wurde. Ich kannte niemand vond en edlen Küchengesellen, unbekannt mocht' ich sie nicht ansprechen; als mir aber soeben ein lieber Bekannter begegnete, der so gut wie ich an Hunger und Durst litt, fiel mir eine Kriegslist ein, nach einer Bemerkung, die ich auf meiner kurzen militärischen Laufbahn anzustellen Gelegenheit gehabt. Ich hatte nämlich bemerkt, dass man beim Furagieren um die Dörfer und in denselben tölpisch geradezu verfahre: die ersten Andringenden fielen ein, nahmen weg, verdarben, zerstörten, die folgenden fanden immer weniger, und was verloren ging, kam niemand zugute. Ich hatte schon gedacht, dass man bei dieser Gelegenheit strategisch verfahren und, wenn die Menge von vorne hereindringe, sich von der Gegenseite nach einigem Bedürfnis umsehen müsse. Dies konnte nun hier kaum der Fall sein, denn alles war überschwemmt; aber das Dorf zog sich sehr in die Länge, und zwar seitwärts der Straße, wo wir hereingekommen. Ich forderte meinen

Freund auf, die lange Gasse mit hinunterzugehen. Aus dem vorletzten Haus kam ein Soldat fluchend heraus, dass schon alles aufgezehrt und nirgends nichts mehr zu haben sei. Wir sahen durch die Fenster, da saßen ein paar Jäger ganz ruhig; wir gingen hinein, um wenigstens auf einer Bank unter Dach zu sitzen, wir begrüßten sie als Kameraden und klagten freilich über den allgemeinen Mangel. Nach einigem Hin- und Widerreden verlangten sie, wir sollten ihnen Verschwiegenheit geloben, worauf wir die Hand gaben. Nun eröffneten sie uns, dass sie in dem Haus einen schönen, wohl bestellten Keller gefunden, dessen Eingang sie zwar selbst sekretiert, uns jedoch von dem Vorrat einen Anteil nicht versagen wollten. Einer zog einen Schlüssel hervor, und nach verschiedenen weggeräumten Hindernissen fand sich eine Kellertüre zu eröffnen. Hinab gestiegen faden wir nun mehrere etwa zweieimerige Fässer auf dem Lager; was uns aber mehr interessierte, verschiedene Abteilungen in Sand gelegter gefüllter Flaschen, wo der gutmütige Kamerad, der sie schon durchprobiert hatte, an die beste Sorte wies. Ich nahm zwischen die ausgespreizten Finger jeder Hand zwei Flaschen, zog sie unter den Mantel, mein Freund desgleichen, und so schritten wir, in Hoffnung baldiger Erquickung, die Straße wieder hinaufwärts.

Unmittelbar am großen Wachfeuer gewahrte ich eine schwere, starke Egge, setzte mich darauf und schob unter dem Mantel meine Flaschen zwischen die Zacken herein. Nach einiger Zeit bracht' ich eine Flasche hervor, wegen der mich meine Nachbarn beriefen, denen ich sogleich den Mitgenuss anbot. Sie taten gute Züge, der letzte bescheiden, da er wohl merkte, er lasse mir nur wenig zurück; ich verbarg die Flasche neben mir und brachte bald darauf die zweite hervor, trank den Freuden zu, die sich's abermals wohl schmecken ließen, anfangs das Wunder nicht bemerkten, bei der dritten Falsche jedoch laut über den

Hexenmeister aufschrieen; und es war, in dieser traurigen Lage, ein auf alle Weise willkommener Scherz.

Unter den vielen Personen, deren Gestalt und Gesicht im Kreis vom Feuer erleuchtet war, erblickt' ich einen ältlichen Mann, den ich zu kennen glaubte. Nach Erkundigung und Annäherung war er nicht wenig verwundert, mich hier zu sehen. Es war Marquis von Bombelles, dem ich vor zwei Jahren in Venedig, der Herzogin Amalie folgend, aufgewartet hatte, wo er, als französischer Gesandter residierend, sich höchst angelegen sein ließ, dieser trefflichen Fürstin den dortigen Aufenthalt so angenehm als möglich zu machen. Wechselseitiger Verwunderungsausruf, Freude des Wiedersehens und Erinnerung erheiterten diesen ernsten Augenblick. Zur Sprache kam seien prächtige Wohnung am großen Kanal: es war gerühmt, wie wir daselbst, in Gondeln anfahrend, ehrenvoll empfangen und freundlich bewirtet worden; wie er durch kleine Feste, gerade im Geschmack und Sinn dieser, Natur und Kunst, Heiterkeit und Anstand in Verbindung liebenden Dame, sie und die Ihrigen auf vielfache Weise erfreut, auch sie durch seinen Einfluss manches andere, für Fremde sonst verschlossene Gute genießen lassen.

Wie sehr war ich aber verwundert, da ich ihn, den ich durch eine wahrhafte Lobrede zu ergötzen gedachte, mit Wehmut ausrufen hörte: "Schweigen wir von diesen Dingen! Jene Zeit liegt nur gar zu weit hinter mir, und schon damals, als ich meine edlen Gäste mit scheinbarer Heiterkeit unterhielt, nagte mir der Wurm am Herzen: ich sah die Folgen voraus dessen, was in meinem Vaterland vorging. Ich bewunderte Ihre Sorglosigkeit, in der Sie auch die Ihnen bevorstehende Gefahr nicht ahnten; ich bereitete mich im Stillen zur Veränderung meines Zustandes. Bald nachher musst' ich meinen ehrenvollen Posten und das werte Venedig verlassen und eine Irrfahrt antreten, die mich endlich auch hierher geführt hat."

Das Geheimnisvolle, das man diesem offenbaren Heranzug von Zeit zu Zeit hatte geben wollen, ließ uns vermuten, man werde noch in dieser Nacht aufbrechen und vorwärts gehen; allein schon dämmerte der Tag, und mit demselben strich ein Sprühregen daher, es war schon völlig hell, als wir uns in Bewegung setzten. Da des Herzogs von Weimar Regiment den Vortrab hatte, gab man der Leibschwadron, als der vordersten der ganzen Kolonne, Husaren mit, die den Weg unserer Bestimmung kennen sollten. Nun ging es, mitunter im scharfen Trab, über Felder und Hügel ohne Busch und Baum; nur in der Entfernung links sah man die Argonner Waldgegend; der Sprühregen schlug uns heftiger ins Gesicht; bald aber erblickten wir eine Pappelallee, die, sehr schön gewachsen und wohl unterhalten, unsere Richtung quer durchschnitt. Es war die Chaussee von Chalons auf Sainte Menehould, der Weg von Paris nach Deutschland; man führte uns drüber weg und ins Graue hinein.

Schon früher hatten wir den Feind vor der waldichten Gegend gelagert und aufmarschiert gesehen, nicht weniger ließ sich bemerken, dass neue Truppen ankamen: es war Kellermann, der sich soeben mit Dumouriez vereinigte, um dessen linken Flügel zu bilden. Die Unsrigen brannten vor Begierde, auf die Franzosen loszugehen, Offiziere wie Gemeine hegten den Glühenden Wunsch, der Feldherr möge in diesem Augenblick angreifen; auch unser heftiges Vordringen schien darauf hinzudeuten. Aber Kellermann hatte sich zu vorteilhaft gestellt, und nun begann die Kanonade, von der man viel erzählt, deren augenblickliche Gewaltsamkeit jedoch man nicht beschreiben, nicht einmal in der Einbildungskraft zurückrufen kann.

Schon lag die Chaussee weit hinter uns, wir stürmten immerfort gegen Westen zu, als auf einmal ein Adjutant gesprengt kam, der uns zurück beordete: man hatte uns zu weit geführt, und nun erhielten wir den Befehl, wieder über die Chaussee zurückzukehren und unmittelbar an ihre linke Seite den rechten Flügel zu lehnen. Es geschah, und so machten wir Front gegen das Vorwerk La Lune, welches auf der Höhe, etwa eine Viertelstunde vor uns, an der Chaussee zu sehen war. Unser Befehlshaber kam uns entgegen; er hatte soeben eine halbe reitende Batterie hinaufgebracht, wir erhielten Order, im Schutz derselben vorwärts zu gehen, und fanden unterwegs einen alten Schirrmeister, ausgestreckt, als das erste Opfer des Tags, auf dem Acker liegen. Wir ritten ganz getrost weiter, wir sahen das Vorwerk näher, die dabei aufgestellte Batterie feuerte tüchtig.

Bald aber fanden wir uns in einer seltsamen Lage: Kanonenkugeln flogen wild auf uns ein, ohne dass wir begriffen, wo sie herkommen konnten; wir avancierten ja hinter einer befreundeten Batterie, und das feindliche Geschütz auf den entgegen gesetzten Hügeln war viel zu weit entfernt, als dass es uns hätte erreichen sollen. Ich hielt seitwärts vor der Front und hatte den wunderbarsten Anblick: die Kugeln schlugen dutzendweise vor der Eskadron nieder, zum Glück nicht rikoschettierend, in den weichen Boden hineingewühlt; Kot aber und Schmutz bespritze Mann und Ross; die schwarzen Pferde, von tüchtigen Reitern möglichst zusammengehalten, schnauften und tosten, die ganze Masse war, ohne sich zu trennen oder zu verwirren, in flutender Bewegung. Ein sonderbarer Anblick erinnerte mich an andere Zeiten. In dem ersten Glied der Eskadron schwankte die Standarte in den Händen eines schönen Knaben hin und wider; er hielt sie fest, ward aber vom aufgeregten Pferd widerwärtig geschaukelt, sein anmutiges Gesicht brachte mir, seltsam genug, aber natürlich, in diesem schauerlichen Augenblick die noch anmutigere Mutter vor die Augen, und ich musste an die ihr zur Seite verbrachten friedlichen Momente gedenken.

Endlich kam der Befehl, zurück- und hinab zu gehen; es geschah von den sämtlichen Kavallerie-Regimentern mit großer Ordnung und Gelassenheit, nur ein einziges Pferd von Lottum ward getötet, da wir übrigen, besonders auf dem äußersten rechten Flügel, eigentlich alle hätten umkommen müssen.

Nachdem wir uns denn aus dem unbegreiflichen Feuer zurückgezogen, von Überraschung und erstaunen uns erholt hatten, löste sich das Rätsel: wir fanden die halbe Batterie, unter deren Schutz wir vorwärts zu gehen geglaubt, ganz unten in einer Vertiefung, dergleichen das Terrain zufällig in dieser Gegend gar manche bildete. Sie war von oben vertrieben worden und an der andern Seite der Chaussee in einer Schlucht heruntergegangen, so dass wir ihren Rückzug nicht bemerken konnten; feindliches Geschütz trat an die Stelle, und was uns hätte bewahren sollen, wäre beinahe verderblich geworden. Auf unseren Tadel lachten die Burschen nur und versicherten scherzend, hier unter im Schauer sei es doch besser.

Wenn man aber nachher mit Augen sah, wie eine solche reitende Batterie sich durch die schreckbaren, schlammigen Hügel qualvoll durchzerren musste, so hatte man abermals den bedenklichen Zustand zu überlegen, in den wir uns eingelassen hatten.

Indessen dauerte die Kanonade immer fort: Kellermann hatte einen gefährlichen Posten bei der Mühle von Valmy, dem eigentlich das Feuern galt; dort ging ein Pulverwagen in die Luft, und man freute sich des Unheils, das er unter den Feinden angerichtet haben mochte. Und so bleib alles eigentlich nur Zuschauer und Zuhörer, was im Feuer stand und nicht. Wir hielten auf der Chaussee von Cahlons an einem Wegweiser, der nach Paris deutete.

Diese Hauptstadt also hatten wir im Rücken, das französische Heer aber zwischen uns und dem Vaterland. Stärkere Riegel waren vielleicht nie vorgeschoben, demjenigen höchst apprehensiv, der eine genaue Karte des Kriegstheaters nun seit vier Wochen unablässig studierte.

Doch das augenblickliche Bedürfnis behauptet sein Recht selbst gegen das Nächstkünftige. Unsere Husaren hatten mehrere Brotkarren, die von Chalons nach der Armee gehen sollten, glücklich aufgefangen und brachten sie den Hochweg daher. Wie es uns nun fremd vorkommen musste, zwischen Paris und Sainte Menehould postiert zu sein, so konnten die zu Chalons des Feindes Armee keineswegs auf dem Weg zu der ihrigen vermuten. Gegen einiges Trinkgeld ließen die Husaren von dem Brot etwas ab, es war das schönste weiße: der Franzos erschrickt vor jeder schwarzen Krume. Ich teilte mehr als einen Laib unter die zunächst Angehörigen, mit der Bedingung, mir für die folgenden Tage einen Anteil daran zu verwahren. Auch noch zu einer andern Vorsicht fand ich Gelegenheit: ein Jäger aus dem Gefolge hatte gleichfalls diesen Husaren eine tüchtige wollene Decke abgehandelt; ich bot ihm die Übereinkunft an, mir sie auf drei Nächte, jede Nacht für acht Groschen, zu überlassen, wogegen er sie am Tage verwahren sollte. Er hielt dieses Bedingnis für sehr vorteilhaft: die Decke hatte ihm einen Gulden gekostet, und nach kurzer Zeit erhielt er sie mit Profit ja wieder. Ich aber konnte auch zufrieden sein: mein köstlichen wollenen Hüllen von Longwy waren mit der Bagage zurückgeblieben, und nun hatte ich doch bei allem Mangel von Dach und Fach außer meinem Mantel noch einen zweiten Schutz gewonnen.

Alles dieses ging unter anhaltender Begleitung des Kanonendonners vor. Von jeder Seite wurden an diesem Tag zehntausend Schüsse verwendet, wobei auf unserer Seite nur zweihundert Mann und auch diese ganz unnütz fielen. Von der ungeheuren Erschütterung klärte sich der Himmel auf: denn man schoss mit Kanonen, völlig als wär' es Pelotonfeuer, zwar ungleich, bald abnehmend, bald zunehmend. Nachmittags ein Uhr, nach einiger Pause, war es am gewaltsamsten, die Erde bebte im ganz eigentlichsten Sinn, und doch sah man in den Stellungen nicht die mindeste Veränderung. Niemand wusste, was daraus werden sollte.

Ich hatte so viel vom Kanonenfieber gehört und wünschte zu wissen, wie es eigentlich damit beschaffen sei. Langeweile und ein Geist, den jede Gefahr zur Kühnheit, ja zur Verwegenheit aufruft, verleitete mich, ganz gelassen nach dem Vorwerk La Lune hinauf zu reiten. Dieses war wieder von den Unsrigen besetzt, gewährte jedoch einen gar wilden Anblick: die zerschossenen Dächer, die herum gestreuten Weizenbündel, die darauf hie und da ausgestreckten tödlich Verwundeten, und dazwischen noch manchmal eine Kanonenkugel, die, sich herüber verirrend, in den Überresten der Ziegeldächer klapperte.

Ganz allein, mir selbst gelassen, ritt ich links auf den Höhen weg und konnte deutlich die glückliche Stellung der Franzosen überschauen; sie standen amphitheatralisch in größter Ruh' und Sicherheit, Kellermann jedoch auf dem linken Flügel eher zu erreichen.

Mir begegnete gute Gesellschaft: es waren bekannte Offiziere vom Generalstab und vom Regiment, höchst verwundert, mich hier zu finden. Sie wollten mich wieder mit sich zurücknehmen, ich sprach ihnen aber von besonderen Absichten, und sie überließen mich ohne weiteres meinem bekannten, wunderlichen Eigensinn.

Ich war nun vollkommen in die Region gelangt, wo die Kugeln herüber spielten; der Ton ist wundersam genug, als wär' er zusammengesetzt aus dem Brummend es Kreisels, dem Butteln des Wassers und dem Pfeifen eines Vogels. Sie waren weniger gefährlich wegen des feuchten Erdbodens: wo eine hinschlug, blieb sie stecken, und so ward mein törichter Versuchsritt wenigstens vor der Gefahr des Rikoschettierens gesichert.

Unter diesen Umständen konnt' ich jedoch bald bemerken, dass etwas Ungewöhnliches in mir vorgehe; ich achtete genau darauf, und doch würde sich die Empfindung nur gleichnisweise mitteilen lassen. Es schien, als wäre man an einem sehr heißen Ort und zugleich von derselben Hitze völlig durchdrungen, so dass man sich mit demselben Element, in welchem man sich befindet, vollkommen glich fühlt. Die Augen verlieren nichts an ihrer Stärke noch Deutlichkeit; aber es ist doch, als wenn die Welt einen gewissen braunrötlichen Ton hätte, der den Zustand so wie die Gegenstände noch apprehensiver macht. Von Bewegung des Blutes habe ich nichts bemerken können, sondern mir schien vielmehr alles in jener Glut verschlungen zu sein. Hieraus erhellt nun, in welchem Sinn man diesen Zustand ein Fieber nennen könne. Bemerkenswert bleibt es indessen, dass jenes grässlich Bängliche nur durch die Ohren zu uns gebracht wird; denn der Kanonendonner, das Heulen, Pfeifen, Schmettern der Kugeln durch die Luft ist doch eigentlich Ursache an diesen Empfindungen.

Als ich zurück geritten und völlig in Sicherheit war, fand ich bemerkenswert, dass alle jene Glut sogleich erloschen und nicht das Mindeste von einer fieberhaften Bewegung übrig geblieben sei. Es gehört übrigens dieser Zustand unter die am wenigsten wünschenswerten; wie ich denn auch unter meinen leiben und edlen Kriegskameraden kaum einen gefunden habe, der einen eigentlich leidenschaftlichen Trieb hiernach geäußert hätte.

So war der Tag hingegangen; unbeweglich standen die Franzosen, Kellermann hatte auch einen bequemern Platz genommen; unsere Leute zog man aus dem Feuer zurück, und es war eben, als wenn nichts gewesen wäre. Die größte Bestürzung verbreitete sich über die Armee. Noch am Morgen hatte man nicht anders gedacht, als die sämtlichen Franzosen anzuspießen und aufzuspeisen, ja mich selbst hatte das unbedingte Vertrauen auf ein solches Heer, auf den Herzog von Braunschweig zur Teilnahme an dieser gefährlichen Expedition gelockt; nun aber ging jeder vor sich hin, man sah sich nicht an, oder wenn es geschah, so war es, um zu fluchen oder zu verwünschen. Wir hatten, eben als es Nacht werden wollte, zufällig einen Kreis geschlossen, in dessen Mitte nicht einmal wie gewöhnlich ein Feuer konnte angezündet werden; die meisten schwiegen, einige sprachen, und es fehlte doch eigentlich einem jeden Besinnung und Urteil. Endlich rief man mich auf, was ich dazu denke? Denn ich hatte die Schar gewöhnlich mit kurzen Sprüchen erheitert und erquickt; diesmal sagte ich: "Von hier und heute geht eine neue Epoche der Weltgeschichte aus, und ihr könnt sagen, ihr seid dabei gewesen."

In diesem Augenblick, wo niemand nichts zu essen hatte, reklamierte ich einen Bissen Bort von dem heute früh erworbenen; auch war von dem gestern reichlich verspendeten Wein noch der Inhalt eines Branntweinfläschchens übrig geblieben, und ich musste daher auf die gestern am Feuer so kühn gespielte Rolle des willkommenen Wundertäters völlig Verzicht tun.

Die Kanonade hatte kaum aufgehört, als Regen und Sturm

schon wieder eindrangen und einen zustand unter freiem
Himmel, auf zähem Lehmboden höchst unerfreulich
machten. Und doch kam, nach so langem Wachen, Gemüts-
und Leibesbewegung, der Schlaf sich anmeldend, als die
Nacht hereindüsterte. Wir hatten uns hinter einer
Erhöhung, die den schneidenden Wind abhielt, notdürftig
gelagert, als es jemanden einfiel, man solle sich für dies
Nacht in die Erde graben und mit dem Mantel zudecken.
Hierzu machte man gleich Anstalt, und es wurden mehrere
Gräber ausgehauen, wozu die reitende Artillerie
Gerätschaften hergab. Der Herzog von Weimar selbst
verschmähte nicht eine solche voreilige Bestattung.

Hier verlangt' ich nun gegen Erlegung von acht Groschen
die bewusste Decke, wickelte mich darein und breitete den
Mantel noch oben drüber, ohne von dessen Feuchtigkeit viel
zu empfinden. Ulyß kann unter seinem auf ähnliche Weise
erworbenen Mantel nicht mit mehr Behaglichkeit und
Selbstgenügen geruht haben.

Alle diese Bereitungen warn wider den Willen des Obersten
geschehen, welcher uns bemerken machte, dass auf einem
Hügel gegenüber hinter einem Busch die Franzosen eine
Batterie stehen hatten, mit der sie uns im Ernst begraben
und nach Belieben vernichten konnten. Allein wir mochten
den windstillen Ort und unsere weislich ersonnene
Bequemlichkeit nicht aufgeben, und es war dies nicht das
letzte Mal, wo ich bemerkte, dass man, um der
Unbequemlichkeit auszuweichen, die Gefahr nicht scheue.

Den 21. September

waren die wechselseitigen Grüße der Erwachenden
keineswegs heiter und froh, denn man ward sich in einer

beschämenden, hoffnungslosen Lage gewahr. Am Rand eines ungeheuren Amphitheaters fanden wir uns aufgestellt, wo jenseits auf Höhen, deren Fuß durch Flüsse, Teiche, Bäche, Moräste gesichert war, der Feind einen kaum übersehbaren Halbzirkel bildete. Diesseits standen wir, völlig wie gestern, um zehntausend Kanonenkugeln leichter, aber ebenso wenig situiert zum Angriff; man blickte in eine weit ausgebreitete Arena hinunter, wo sich zwischen Dorfhütten und Gräten die beiderseitigen Husaren herumtrieben und mit Spiegelgefecht bald vor-, bald rückwärts, eine Stunde nach der andern, die Aufmerksamkeit der Zuschauer zu fesseln wussten. Aber aus all dem Hin- und Hersprengen, dem Hin- und Widerpuffen ergab sich zuletzt kein Resultat, als dass einer der Unsrigen, der sich zu kühn zwischen die Hecken gewagt hatte, umzingelt und, da er sich keineswegs ergeben wollte, erschossen wurde.

Dies war das einzige Opfer der Waffen an diesem Tag; aber die eingerissene Krankheit machte den unbequemen, drückenden, hilflosen Zustand trauriger und fürchterlicher.

So schlaglustig und fertig man gestern auch gewesen, gestand man doch, dass ein Waffenstillstand wünschenswert sei, da selbst der Mutigste, Leidenschaftlichste nach weniger Überlegung sagen musste: ein Angriff würde das verwegenste Unternehmen von der Welt sein. Noch schwankten die Meinungen den Tag über, wo man ehrenthalben dieselbe Stellung behauptete, wie beim Augenblick der Kanonade; gegen Abend jedoch veränderte man sie einigermaßen, zuletzt war das Hauptquartier nach Hans gelegt und die Bagage herbeigekommen. Nun hatten wir zu vernehmen die Angst, die Gefahr, den nahen Untergang unserer Dienerschaft und Habseligkeiten.

Das Waldgebirg' Argonne von Sainte Menehould bis

Grandpré war von Franzosen besetzt; von dort aus führten ihre Husaren den kühnsten, mutwilligsten, kleinen Krieg. Wir hatten gestern vernommen, dass ein Sekretär des Herzogs von Braunschweig und einige andere Personen der fürstlichen Umgebung zwischen der Armee und der Wagenburg waren gefangen worden. Diese verdiente aber keineswegs den Namen einer Burg, denn sie war schlecht aufgestellt, nicht geschlossen, nicht genugsam eskortiert. Nun beängstete sie ein blinder Lärm nach dem andern und zugleich die Kanonade in geringer Entfernung. Späterhin trug man sich mit der Fabel oder Wahrheit, die französischen Truppen seien schon den Gebirgswald herab auf dem Weg gewesen, sich der sämtlichen Equipage zu bemächtigen; da gab sich denn der von ihnen gefangene und wieder losgelassene Läufer des General Kalckreuth ein großes Ansehen, indem er versicherte, er habe durch glückliche Lügen von starker Bedeckung, von reitenden Batterien und dergleichen einen feindlichen Anfall abgewendet. Wohl möglich! Wer hat nicht in solchen bedeutenden Augenblicken zu tun oder getan?

Nun waren die Zelte da, Wagen und Pferde; aber Nahrung für kein Lebendiges. Mitten im Regen ermangelten wir sogar des Wassers, und einige Teiche waren schon durch eingesunkene Pferde verunreinigt: das alles zusammen bildete den schrecklichsten Zustand. Ich wusste nicht, was es heißen sollte, al sich meinen treuen Zögling, Diener und Gefährten Paul Götze von dem Leder des Reisewagens das zusammengeflossene Regenwasser sehr emsig schöpfen sah; er bekannte, dass es zur Schokolade bestimmt sei, davon er glücklicherweise einen Vorrat mitgebracht hatte; ja was mehr ist, ich habe aus den Fußstapfen der Pferde schöpfen sehen, um einen unerträglichen Durst zu stillen. Man kaufte das Brot von alten Soldaten, die, an Entbehrung gewöhnt, etwas zusammensparten, um sich am Branntwein zu erquicken, wenn derselbe wieder zu haben wäre.

Am 22. September

hörte man, die Generale Manstein und Heymann seien nach Dampiere in das Hauptquartier von Kellermann, wo sich auch Dumouriez einfinden sollte. Es war von Auswechseln der Gefangnen, von Versorgung der Kranken und Blessierten zum Schein die Rede; im Ganzen hoffte man aber mitten im Unglück eine Umkehr der Dinge zu bewirken. Seit dem 10. August war der König von Frankreich gefangen, grenzenlose Mordtaten waren im September geschehen. Man wusste, dass Dumouriez für den König und die Konstitution gesinnt gewesen; er musste also seines eignen Heils, seiner Sicherheit willen die gegenwärtigen Zustände bekämpfen, und eine große Begebenheit wäre es geworden, wenn er sich mit den Alliierten alliiert und so auf Paris losgegangen wäre.

Seit der Ankunft der Equipage fand sich die Umgebung des Herzogs von Weimar um vieles gebessert, denn man musste dem Kämmerier, dem Koch und andern Hausbeamten das Zeugnis geben, dass sie niemals ohne Vorrat gewesen und selbst in dem größten Mangel immer für etwas warme Speise gesorgt. Hierdurch erquickt, ritt ich umher, mich mit der Gegend nur einigermaßen bekannt zu machen, ganz ohne Furcht: diese flachen Hügel hatten keinen Charakter, kein Gegenstand zeichnete sich vor andern aus. Mich doch zu orientieren, forscht' ich nach der langen und hoch aufgewachsenen Pappelallee, die gestern so auffallend gewesen war, und da ich sie nicht entdecken konnte, glaubt' ich mich weit verirrt, allein bei näherer Aufmerksamkeit fand ich, dass sie niedergehauen, weggeschleppt und wohl schon verbrannt sei.

An den Stellen, wo die Kanonade hingewirkt, erblickte man großen Jammer: die Menschen lagen unbegraben, und die schwer verwundeten Tiere konnten nicht ersterben. Ich sah ein Pferd, das sich in seinen eigenen, aus dem verwundeten Leibe heraus gefallenen Eingeweiden mit den Vorderfüßen verfangen hatte und so unselig dahinhinkte.

Im Nachhausereiten traf ich den Prinzen Louis Ferdinand im freien Feld auf einem hölzernen Stuhl sitzen, den man aus einem untern Dorf heraufgeschafft; zugleich schleppten einige seiner Leute einen schweren, verschlossenen Küchenschrank herbei: sie versicherten, es klappere darin, sie hofften, einen guten Fang getan zu haben. Man erbrach ihn begierig, fand aber nur ein stark beleibtes Kochbuch, und nun, indessen der gespaltene Schrank im Feuer auflöderte, las man die köstlichsten Küchenrezepte vor, und so ward abermals Hunger und Begierde durch eine aufgeregte Einbildungskraft bis zur Verzweiflung gesteigert.

Den 24. September.

Erheitert einigermaßen wurde das schlimmste Wetter von der Welt durch die Nachricht, dass ein Stillstand geschlossen sei und dass man also wenigstens die Aussicht habe, mit einiger Gemütsruhe leiden und darben zu können; aber auch dieses gedieh nur zum halben Trost, da man bald vernahm, es sei eigentlich nur eine Übereinkunft, dass die Vorposten Friede halten sollten, wobei nicht unbenommen bleibe, die Kriegsoperationen außer dieser Berührung nach Gutdünken fortzusetzen. Dieses war ihre Stellung verändern und uns besser einschließen konnten, wir aber in der Mitte mussten still halten und in unserem stockenden

Zustand verweilen. Die Vorposten aber ergriffen diese Erlaubnis mit Vergnügen. Zuerst kamen sie überein, dass, welchem von beiden Teilen Wind und Wetter ins Gesicht schlage, der solle das Recht haben, sich umzukehren und, in seinen Mantel gewickelt, von dem Gegenteil nichts befürchten. Es kam weiter: die Franzosen hatten immer noch etwas Weniges zur Nahrung, indes den Deutschen alles abging; jene teilten daher einiges mit, und man ward immer kameradlicher. Endlich wurden sogar mit Freundlichkeit von französischer Seite Druckblätter ausgeteilt, wodurch den guten Deutschen das Heil der Freiheit und Gleichheit in zwei Sprachen verkündet war; die Franzosen ahmten das Manifest des Herzogs von Braunschweig in umgekehrtem Sinn nach, entboten guten Willen und Gastfreundschaft, und ob sich schon bei ihnen mehr Volk, als sie von oben herein regieren konnten, auf die Beine gemacht hatte, so geschah dieser Aufruf, wenigstens in diesem Augenblick, mehr, um den Gegenteil zu schwächen als sich selbst zu stärken.

Zum 24. September.

Als Leidensgenossen bedauerte ich auch in dieser Zeit zwei hübsche Knaben von vierzehn bis fünfzehn Jahren. Sie hatten, als Requirierte, mit vier schwachen Pferden meine leichte Chaise bis hierher kaum durchgeschleppt und litten stille, mehr für ihre Tiere als für sich; doch war ihnen so wenig als uns allen zu helfen. Da sie um meinetwillen jedes Unheil ausstanden, fühlte ich mich zu irgendeiner Pietät gedrungen und wollte jenes erhandelte Kommissbrot redlich mit ihnen teilen; allein sie lehnten es ab und versicherten, dergleichen könnten sie nicht essen, und als ich fragte, "was sie denn gewöhnlich genössen?" versetzten sie: "Du bon pain, de la bonne soupe, de la bonne viande, de la bonne bière." Da nun bei ihnen alles gut und bei uns alles schlimm war, verzieh ich ihnen gern, dass sie mit Zurücklassung ihrer Pferde sich bald darauf davonmachten. Sie hatten übrigens manches Unheil ausgestanden, ich glaube aber, dass eigentlich das dargebotene Kommissbrot sie zu dem letzten entscheidenden Schritt, als ein furchtbares Gespenst, bewogen habe. Weiß und schwarz Brot ist eigentlich das Schibboleth, das Feldgeschrei zwischen Deutschen und Franzosen.

Eine Bemerkung darf ich hier nicht unberührt lassen: wir kamen freilich zur ungünstigsten Jahrszeit in ein von der Natur nicht gesegnetes Land, das aber denn doch seine wenigen, arbeitsamen, ordnungsliebenden, genügsamen Einwohner allenfalls ernährt. Reichere und vornehmere Gegenden mögen eine solche freilich geringschätzig behandeln; ich aber habe keineswegs Ungeziefer und Bettelherbergen dort angetroffen. Von Mauerwerk gebaut, mit Ziegeln gedeckt sind die Häuser, und überall hinreichende Tätigkeit. Auch ist die eigentlich schlimme Landstrecke höchstens vier bis sechs Stunden breit und hat, sowohl an dem Argonner Waldgebirge her als gegen Reims und Chalons zu, schon wieder günstigere Gelegenheit. Kinder, die man in dem ersten besten Dorfe aufgegriffen hatte, sprachen mit Zufriedenheit von ihrer Nahrung, und ich durfte mich nur des Kellers zu Somme Tourbe und des weißen Brotes, das uns ganz frisch von Chalons her in die Hände gefallen war, erinnern, so schien es doch, als ob in Friedenszeiten hier nicht gerade Hunger und Ungeziefer zu Hause sein müsse.

Den 25. September.

Dass während des Stillstandes die Franzosen von ihrer Seite tätig sein würden, konnte man vermuten und erfahren. Sie suchten die verlorne Kommunikation mit Chalons wieder herzustellen und die Emigrierten in unserm Rücken zu verdrängen oder vielmehr an uns heranzudrängen; doch augenblicklich ward für uns das Schädlichste, dass sie, sowohl vom Argonner Waldgebirge als von Sedan und Montmedy her, uns die Zufuhr erschweren, wo nicht völlig vernichten konnten.

Den 26. September.

Da man mich als auf mancherlei aufmerksam kannte, so brachte man alles, was irgend sonderbar scheinen mochte, herbei; unter andern legte man mir eine Kanonenkugel vor, ungefähr vierpfündig zu achten, doch war das Wunderliche daran, sie auf ihrer ganzen Oberfläche in kristallisierten Pyramiden endigen zu sehen. Kugeln waren jenes Tags genug verschossen worden, dass sich eine gar wohl hierüber konnte verloren haben. Ich erdachte mir allerlei Hypothesen, wie das Metall beim Guss oder nachher sich zu dieser Gestalt bestimmt hätte; durch einen Zufall ward ich hierüber aufgeklärt.

Nach einer kurzen Abwesenheit wieder in mein Zelt zurückkehrend, fragte ich nach der Kugel; sie wollte sich nicht finden. Als ich darauf bestand, beichtete man: sie sei, nachdem man allerlei an ihr probiert, zersprungen. Ich forderte die Stücke und fand zu meiner großen Verwunderung eine Kristallisation, die, von der Mitte ausgehend, sich strahlig gegen die Oberfläche erweiterte. Es war Schwefelkies, der sich in einer freien Lage ringsum musste gebildet haben. Diese Entdeckung führte weiter, dergleichen Schwefelkiese fanden sich mehr, obschon kleiner, in Kugel- und Nierenform, auch in andern weniger regelmäßigen Gestalten, durchaus aber darin gleich, dass sie nirgends angesessen hatten und dass ihre Kristallisation sich immer auf eine gewisse Mitte bezog; auch waren sie nicht abgerundet, sondern völlig frisch und deutlich kristallinisch abgeschlossen. Sollten sie sich wohl in dem Boden selbst erzeugt haben, und findet man dergleichen mehr auf Ackerfeldern?

Aber ich nicht allein war auf die Mineralien der Gegend aufmerksam; die schöne Kreide, die sich überall vorfand, schien durchaus von einigem Wert. Es ist wahr, der Soldat durfte nur ein Kochloch aufhauen, so traf er auf die klarste weiße Kreide, die er zu seinem blanken und glatten Putz sonst so nötig hatte. Da ging wirklich ein Armeebefehl aus: der Soldat solle sich mit dieser hier umsonst zu habenden notwendigen Ware soviel als möglich versehen. Dies gab nun freilich zu einigem Spott Gelegenheit: mitten in den furchtbarsten Kot versenkt, sollte man sich mit Reinlichkeits- und Putzmitteln beladen; wo man nach Brot seufzte, sich mit Staub zufrieden stellen.

Auch stutzten die Offiziere nicht wenig, als sie im Hauptquartier übel angelassen wurden, weil sie nicht so reinlich, so zierlich wie auf der Parade zu Berlin oder Potsdam erschienen. Die Oberen konnten nicht helfen; so sollten sie, meinte man, auch nicht schelten.

Den 27. September.

Eine etwas wunderliche Vorsichtsmaßregel, dem dringenden Hunger zu begegnen, ward gleichfalls bei der Armee publiziert: man solle die vorhandenen Gerstengarben so gut als möglich ausklopfen, die gewonnenen Körner in heißem Wasser so lange sieden, bis sie aufplatzen, und durch diese Speise die Befriedigung des Hungers versuchen.

Unserer nächsten Umgebung war jedoch eine bessere Beihilfe zugedacht. Man sah in der Ferne zwei Wagen festgefahren, denen man, weil sie Proviant und andere Bedürfnisse geladen hatten, gern zu Hilfe kam. Stallmeister von Seebach schickte sogleich Pferde dorthin; man brachte sie los, führte sie aber auch sogleich des Herzogs Regiment zu; sie protestierten dagegen, als zur österreichischen Armee bestimmt, wohin auch wirklich ihre Pässe lauteten. Allein man hatte sich einmal ihrer angenommen; um den Zudrang zu verhüten und sie zugleich festzuhalten, gab man ihnen Wache, und da sie auch von uns bezahlt erhielten, was sie forderten, so mussten sie auch bei uns ihre eigentliche Bestimmung finden.

Eilig drängten sich zu allererst die Haushofmeister, Köche und ihre Gehilfen herbei, nahmen von der Butter in Fässchen, von Schinken und andern guten Dingen Besitz. Der Zulauf vermehrte sich, die größere Menge schrie nach Tabak, der denn auch um teuren Preis häufig ausgegeben wurde. Die Wagen aber waren so umringt, dass sich zuletzt niemand mehr nähern konnte; deswegen mich unsere Leute und Reiter anriefen und auf das dringendste baten, ihnen zu diesem notwendigsten aller Bedürfnisse zu verhelfen.

Ich ließ mir durch Soldaten Platz machen und erstieg sogleich, um mich nicht im Gedränge zu verwirren, den nächsten Wagen; dort bepackte ich mich für gutes Geld mit Tabak, was nur meine Taschen fassen wollten, und ward, als ich wieder herab und spendend ins Freie gelangte, für den größten Wohltäter gepriesen, der sich jemals der leidenden Menschheit erbarmt hatte. Auch Branntwein war angelangt; man versah sich damit und bezahlte die Bouteille gern mit einem Laubtaler.

Den 27. September.

Sowohl im Hauptquartiere selbst, wohin man zuweilen gelanget, als bei allen denen, die von dort herkamen, erkundigte man sich nach der Lage der Dinge: sie konnte nicht bedenklicher sein. Von dem Unheil, das in Paris vorgegangen, verlautete immer mehr und mehr, und was man anfangs für Fabeln gehalten, erschien zuletzt als Wahrheit überschwänglich furchtbar. König und Familie waren gefangen, die Absetzung dessen schon zur Sprache gekommen; der Hass des Königtums überhaupt gewann immer mehr Breite, ja schon konnte man erwarten, dass gegen den unglücklichen Monarchen ein Prozess würde eingeleitet werden. Unsere unmittelbaren kriegerischen Gegner hatten sich eine Kommunikation mit Chalons wieder eröffnet, dort befand sich Luckner, der die von Paris anströmenden Freiwilligen zu Kriegshaufen bilden sollte; aber diese, in den grässlichen ersten Septembertagen, durch die reißend fließenden Blutströme, aus der Hauptstadt ausgewandert, brachten Lust zum Morden und Rauben mehr als zu reinem rechtlichen Kriege mit. Nach dem Beispiel des Pariser Gräuelvolks ersahen sie sich willkürliche Schlachtopfer, um ihnen, wie sich's fände, Autorität, Besitz oder wohl gar das Leben zu rauben. Man durfte sie nur undiszipliniert loslassen, so machten sie uns den Garaus.

Die Emigrierten waren an uns herangedrückt worden, und man erzählte noch von gar manchem Unheil, das im Rücken und von der Seite bedrohte. In der Gegend von Reims sollten sich zwanzigtausend Bauern zusammengerottet haben, mit Feldgerät und wild ergriffenen Naturwaffen versehen; die Sorge war gorß, auch diese möchten auf uns losbrechen.

Von solchen Dingen ward am Abend in der Herzogs Zelt, in Gegenwart von bedeutenden Kriegsobristen, gesprochen; jeder brachte seine Nachricht, seine Vermutung, seine Sorge als Beitrag in diesen ratlosen rat, denn es schien durchaus nur ein Wunder uns retten zu können.

Ich aber dachte in diesem Augenblick, dass wir gewöhnlich in misslichen Zuständen uns gern mit hohen Personen vergleichen, besonders mit solchen, denen es noch schlimmer gegangen; da fühlt' ich mich getrieben, wo nicht zur Erheiterung doch zur Ableitung, aus der Geschichte Ludwigs des Heiligen die drangvollsten Begebenheiten zu erzählen. Der König, auf seinem Kreuzzuge, will zuerst den Sultan von Ägypten demütigen, denn von diesem hängt gegenwärtig das gelobte Land ab. Damiette fällt ohne Belagerung den Christen in die Hände. Angefeuert von seinem Bruder Graf Artois, unternimmt der König einen Zug das rechte Nilufer hinauf, nach Babylon-Kairo. Es glückt, einen graben auszufüllen, der Wasser vom Nil empfängt. Die Armee zieht hinüber. Aber nun findet sie sich geklemmt zwischen dem Nil, dessen Haupt- und Nebenkanälen; dagegen die Sarazenen auf beiden Ufern des Flusses glücklich postiert sind. Über die größeren Wasserleitungen zu setzen wird schwierig. Man baut Blockhäuser gegen die Blockhäuser der Feinde; diese aber haben den Vorteil des griechischen Feuers. Sie beschädigen damit die hölzernen Bollwerke, Bauten und Menschen. Was hilft den Christen ihre entschiedene Schlachtordnung, immerfort von den Sarazenen gereizt, geneckt, angegriffen, teilweise in Scharmützel verwickelt. Einzelne Wagnisse, Faustkämpfe sind bedeutend, Herz erhebend, aber die Helden, der König selbst wird abgeschnitten. Zwar brechen die Tapfersten durch, aber die Verwirrung wächst. Der Graf von Artois ist in Gefahr; zu dessen Rettung wagt der König alles. Der Bruder ist schon tot, das Unheil steigt aufs Äußerste. An diesem heißen Tag kommt alles darauf an, eine Brücke über ein Seitenwasser zu verteidigen, um die Sarazenen vom Rücken des Hauptgefechtes abzuhalten. Den wenigen da postierten Kriegsleuten wird auf alle Weise zugesetzt, mit Geschütz von den Soldaten, mit Steinen und Kot durch Trossbuben. Mitten in diesem Unheil spricht der Graf von Soissons zum Ritter Joinville scherzend: "Seneschall, lasst das Hundepack bellen und blöken; bei Gottesthron!" — so pflegte er zu schwören — "von diesem Tag sprechen wir noch im Zimmer vor den Damen."

Man lächelte, nahm das Omen gut auf, besprach sich über mögliche Fälle, besonders hob man die Ursachen hervor, warum die Franzosen uns eher schonen als verderben müssten: der lange ungetrübte Stillstand, das bisherige zurückhaltende Betragen gaben einige Hoffnung. Diese zu beleben, wagte ich noch einen historischen Vortrag und erinnerte mit Vorzeigung der Spezialkarten, dass zwei Meilen von uns nach Westen das berüchtigte Teufelsfeld gelegen sei, bis wohin Attila, König der Hunnen, mit seinen ungeheuren Heerhaufen im Jahr 452 gelangt, dort aber von den burgundischen Fürsten unter Beistand des römischen Feldherrn Aëtius geschlagen worden; dass, hätten sie ihren Sieg verfolgt, er in Person und mit allen seinen Leuten umgekommen und vertilgt worden wäre. Der römische General aber, der die Burgunder Fürsten nicht von aller Furcht vor diesem gewaltigen Feind zu befreien gedachte, weil er sie alsdann sogleich gegen die Römer gewendet gesehen hätte, beredete einen nach dem andern, nach Hause zu ziehen; und so entkam denn auch der Hunnenkönig mit den Überresten eines unzählbaren Volkes.

In eben dem Augenblick ward die Nachricht gebracht, der erwartete Brottransport von Grandpré sei angekommen; auch dies belebte doppelt und dreifach die Geister: man schied getrösteter voneinander, und ich konnte dem Herzog bis gegen Morgen in einem unterhaltenden französischen Buch vorlesen, das auf die wunderlichste Weise in meine Hände gekommen. Bei den verwegenen, frevelhaften Scherzen, welche mitten in dem bedrängtesten Zustand noch Lachen erregten, erinnerte ich mich der leichtfertigen Jäger von Verdun, welche Schelmlieder singend in den Tod gingen. Freilich, wenn man dessen Bitterkeit vertreiben will, muss man es mit den Mitteln so genau nicht nehmen.

Den 28. September.

Das Brot war angekommen, nicht ohne Mühseligkeit und Verlust; auf den schlimmsten Wegen von Grandpré, wo die Bäckerei lag, bis zu uns heran waren mehrere Wagen stecken geblieben, andere dem Feind in die Hände gefallen und selbst ein Teil des Transports ungenießbar: denn im wässerigen, zu schnell gebackenen Brot trennte sich Krume von Rinde, und in den Zwischenräumen erzeugte sich Schimmel. Abermals in Angst vor Gift, brachte man mir dergleichen Laibe, diesmal in ihren inneren Hohlungen hochpomeranzenfarbig anzusehen, auf Arsenik und Schwefel hindeutend, wie jenes vor Verdun auf Grünspan. War es aber auch nicht vergiftet, so erregte doch der Anblick Abscheu und Ekel; getäuschte Befriedigung schärfte den Hunger: Krankheit, Elend, Missmut lagen schwer auf einer so großen Masse guter Menschen.

In solchen Bedrängnissen wurden wir noch gar durch eine unglaubliche Nachricht überrascht und betrübt; es hieß, der

Herzog von Braunschweig habe sein früheres Manifest an Dumouriez geschickt, welcher, darüber ganz verwundert und entrüstet, sogleich den Stillstand aufgekündigt und den Anfang der Feinseligkeiten befohlen habe. So groß das Unheil war, in welchem wir staken, und noch größeres bevorsahen, konnten wir doch nicht unterlassen, zu scherzen und zu spotten; wir sagten, da sehe man, was für Unheil die Autorschaft nach sich ziehe! Jeder Dichter und sonstige Schriftsteller trage gern seine Arbeiten einem jeden vor, ohne dass er frage, ob es die rechte Zeit und Stunde sei; nun ergehe es dem Herzog von Braunschweig ebenso, der, die Freuden der Autorschaft genießend, sein unglückliches Manifest ganz zur unrechten zeit wieder produzierte.

Wir erwarteten nun, die Vorposten abermals puffen zu hören, man schaute sich nach allen Hügeln um, ob nicht irgendein Feind erscheinen möchte; aber es war alles so still und ruhig, als wäre nichts vorgegangen. Indessen lebte man in der peinlichsten Ungewissheit und Unsicherheit, denn jeder sah wohl ein, dass wir strategisch verloren waren, wenn es dem Feind im Mindesten einfallen solle, uns zu beunruhigen und zu drängen. Doch deutete schon manches in dieser Ungewissheit auf Übereinkunft und mildere Gesinnung; so hatte man zum Beispiel den Postmeister von Sainte Menehould gegen die am 20. zwischen der Wagenburg und Armee weggefangenen Personen der königlichen Suite frei und ledig gegeben.

Den 29. September.

Gegen Abend setzte sich, der erteilten Order gemäß, die Equipage in Bewegung; unter Geleit Regiments Herzog von Braunschweig sollte sie vorangehen, um Mitternacht die

Armee folgen. Alles regte sich, aber missmutig und langsam; denn selbst der beste Wille gleitete auf dem durchweichten Boden und versank, eh' er sich's versah. Auch diese Stunden gingen vorüber: Zeit und Stunde rennt durch den rausten Tag!

Es war Nacht geworden, und auch diese sollte man schlaflos zubringen; der Himmel war nicht ungünstig, der Vollmond leuchtete, aber hatte nichts zu beleuchten. Zelte waren verschwunden, Gepäck, Wagen und Pferde alles hinweg, und unsere kleine Gesellschaft besonders in einer seltsamen Lage. An dem bestimmten Ort, wo wir uns befanden, sollten die Pferde uns Aufsuchen; sie waren ausgeblieben. So weit wir bei falbem Licht umher sahen, schien alles öd' und leer; wir horchten vergebens: weder Gestalt noch Ton war zu vernehmen. Unsere Zweifel wogten hin und her; wir wollten den bezeichneten Platz lieber nicht verlassen als die Unsrigen in gleiche Verlegenheit setzen und sie gänzlich verfehlen. Doch war es grauerlich, in Feindesland, nach solchen Ereignissen, vereinzelt, aufgegeben, wo nicht zu sein, doch für den Augenblick zu scheinen.

Wir passten auf, ob nicht vielleicht eine feindliche Demonstration vorkomme, aber es rührte und regte sich weder Günstiges noch Ungünstiges.

Wir trugen nach und nach alles hinterlassene Zeltstroh in der Umgegend zusammen und verbrannten es, nicht ohne Sorgen. Gelockt durch die Flamme, zog sich eine alte Marketenderin zu uns heran: sie mochte sich beim Rückweg in den fernen Orten nicht ohne Tätigkeit verspätet haben, denn sie trug ziemliche Bündel unter den Armen. Nach Gruß und Erwärmung hob sie zuvörderst Friedrich den Großen in den Himmel und pries den Siebenjährigen Krieg, dem sie als Kind wollte beigewohnt haben, schalt grimmig auf die gegenwärtigen Fürsten und Heerführer, die so große

Mannschaft in ein Land brächten, wo die Marketenderin ihr Handwerk nicht treiben könne, worauf es denn doch eigentlich abgesehen sei. Man konnte sich an ihrer Art, die Sachen zu betrachten, gar wohl erlustigen und sich für einen Augenblick zerstreuen, doch waren uns endlich die Pferde höchst willkommen; da wir denn auch mit dem Regiment Weimar den ahnungsvollen Rückzug antraten.

Vorsichtsmaßregeln, bedeutende Befehle ließen fürchten, dass die Feinde unserm Abmarsch nicht gelassen zusehen würden. Mit Bangigkeit hatte man noch am Tag das sämtliche Fuhrwerk, am bänglichsten aber die Artillerie, in den durchweichten Boden einschneidend, sich stockend bewegen sehen; was mochte nun zu Nacht alles vorfallen? Mit Bedauern sah man gestürzte, geborstene Bagagewagen im Bachwasser liegen, mit Bejammern ließ man zurückbleibende Kranke hilflos. Wo man sich auch umsah, einigermaßen vertraut mit der Gegend, gestand man, hier sie gar keine Rettung, sobald es dem Feind, den wir links, rechts und im Rücken wussten, belieben möchte, uns anzugreifen; da dies aber in den ersten Stunden nicht geschah, so stellte sich das hoffnungsbedürftige Gemüt schnell wieder her, und der Menschengeist, der allem, was geschieht, Verstand und Vernunft unterlegen möchte, sagte sich getrost, die Verhandlungen zwischen den Hauptquartieren Hans und Sainte Menehould seien glücklich und zu unseren Gunsten abgeschlossen worden. Von Stunde zu Stunde vermehrte sich der Glaube; und als ich Halt machen, die sämtlichen Wagen über dem Dorf St. Jean ordnungsgemäß auffahren sah, war ich schon völlig gewiss, wir würden nach Hause gelangen und in guter Gesellschaft (*devant les Dames*) von unseren ausgestandenen Qualen sprechen und erzählen dürfen. Auch diesmal teilt' ich Freunden und Bekannten meine Überzeugung mit, und wir ertrugen die gegenwärtige Not schon mit Heiterkeit.

Kein Lager ward bezogen, aber die Unsrigen schlugen ein großes Zelt auf, inwendig und auswendig umher die reichsten, herrlichsten Weizengarben zur Schlafstätte gebreitet. Der Mond schien hell durch die beruhigte Luft, nur ein sanfter Zug leichter Wolken war bemerklich, die ganze Umgebung sichtbar und deutlich, fast wie am Tage. Beschienen waren die schlafenden Menschen, die Pferde, vom Futterbedürfnis wach gehalten, darunter viele weiße, die das Licht kräftig wiedergaben; weiße Wagenbedeckungen, selbst die zur Nachtruhe gewidmeten weißen Garben, alles verbreitete Helle und Heiterkeit über diese bedeutende Szene. Fürwahr, der größte Maler hätte sich glücklich geschätzt, einem solchen Bild gewachsen zu sein.

Erst spät legt' ich mich ins Zelt und hoffte des tiefsten Schlafes zu genießen; aber die Natur hat manches Unbequeme zwischen ihre schönsten Gaben ausgestreut, und so gehört zu den ungeselligsten Unarten des Menschen, dass er schlafend, eben wenn er selbst am tiefsten ruht, den gesellen durch unbändiges Schnarchen wach zu halten pflegt. Kopf an Kopf, ich innerhalb, er außerhalb des Zeltes, lag ich mit einem Mann, der mir durch ein grässlich Stöhnen die so nötige Ruhe unwiederbringlich verkümmerte. Ich löste den Strang vom Zeltpflock, um meinen Widersacher kennen zu lernen: es war ein braver, tüchtiger Mann von der Dienerschaft, erlag, vom Mond beschienen, in so tiefem Schlaf, als wenn er Endymion selbst gewesen wäre.

Die Unmöglichkeit, in solcher Nachbarschaft Ruhe zu erlangen, regte den schalkischen Geist in mir auf; ich nahm eine Weizenähre und ließ die schwankende Last über Stirn und Nase des Schlafenden schweben. In seiner tiefen Ruhe gestört, fuhr er mit der Hand mehrmals übers Gesicht, und sobald er wieder in Schlaf versank, wiederholt' ich mein Spiel, ohne dass er hätte begreifen mögen, woher in dieser Jahreszeit eine Bremse kommen könne. Endlich bracht' ich es dahin, dass er, völlig ermuntert, aufzustehen beschloss. Indessen war auch mir alle Schlaflust vergangen: ich trat vor das Zelt und bewunderte in dem wenig veränderten Bild die unendliche Ruhe am Rande der größten, immer noch denkbaren Gefahr; und wie in solchen Augenblicken Angst und Hoffnung, Kümmernis und Beruhigung wechselweise auf- und abgaukeln, so erschrak ich wieder, bedenkend, dass, wenn der Feind uns in diesem Augenblick überfallen wollte, weder eine Radspeiche noch ein Menschengebein davonkommen würde.

Der anbrechende Tag wirkte sodann wieder zerstreuend, denn da zeigte sich manches Wunderliche. Zwei alte Marketenderinnen hatten mehrere seidene Weiberröcke buntscheckig um Hüfte und Brust übereinander gebunden, den obersten aber um den Hals und oben darüber noch ein Halbmäntelchen. In diesem Ornat stolzierten sie gar komisch einher und behaupteten, durch Kauf und tausch sich diese Maskerade gewonnen zu haben.

Den 30. September.

So früh sich auch mit Tagesanbruch das sämtliche Fuhrwerk in Bewegung setzte, so legten wir doch nur einen kurzen Weg zurück; denn schon um neun Uhr hielten wir zwischen Laval und Wargemoulin. Menschen und Tiere suchten sich zu erquicken, kein Lager ward aufgeschlagen. Nun kam auch die Armee heran und postierte sich auf einer Anhöhe; durchaus herrschte die größte Stille und Ordnung. Zwar konnte man an verschiedenen Vorsichtsmaßregeln gar wohl bemerken, dass noch nicht alle Gefahr überstanden sei: man rekognoszierte, man unterhielt sich heimlich mit unbekannten Personen, man rüstete sich zum abermaligen Aufbruch.

Den 1. Oktober.

Der Herzog von Weimar führte die Avantgarde und deckte zugleich den Rückzug der Bagage. Ordnung und Stille herrschten diese Nacht, und man beruhigte sich in dieser Ruhe, als um zwölf Uhr aufzubrechen befohlen ward. Nun ging aber aus allem hervor, dass dieser Marsch nicht ganz sicher sei wegen Streifpartien, welche vom Argonner Wald herunter zu befürchten waren. Denn wäre auch mit Dumouriez und den höchsten Gewalten Übereinkunft getroffen gewesen, welches nicht einmal als ganz gewiss angenommen werden konnte, so gehorchte doch damals nicht leicht jemand dem andern, und die Mannschaft im Waldgebirge durfte sich nur für selbständig erklären, einen Versuch machen zu unserm Verderben, welches niemand damals hätte missbilligen dürfen.

Auch der heutige Marsch ging nicht weit; es war die Absicht, Equipage und Armee zusammen sollten auch gleichen Schritt mit den Österreichern und Emigrierten halten, die, uns zur linken Seite parallel, gleichfalls auf dem Rückzug begriffen waren.

Gegen acht Uhr heilten wir schon, bald nachdem wir Rouvroy hinter uns gelassen hatten; einige Zelte wurden aufgeschlagen, der Tag war schön und die Ruhe nicht gestört.

Und so will ich denn hier auch noch anführen, dass ich in

diesem Elend das neckische Gelübde getan: man solle, wenn ich uns erlöst und mich wieder zu Hause sähe, von mir niemals wieder einen Klagelaut vernehmen über den meine freiere Zimmeraussicht beschränkenden Nachbargiebel, den ich vielmehr jetzt recht sehnlich zu erblicken wünsche; ferner wollt' ich mich über Missbehagen und Langeweile im deutschen Theater nie wieder beklagen, wo man doch immer Gott danken könne, unter Dach zu sein, was auch auf der Bühne vorgehe. Und so gelobt' ich noch ein Drittes, das mir aber entfallen ist.

Es war noch immer genug, dass jeder für sich selbst in dem Grad sorget und Ross und Wagen, Mann und Pferd nach ihren Abteilungen regelmäßig zusammenblieben, und so auch wir, sobald still gehalten oder ein Lager aufgeschlagen ward, immer wieder gedeckte Tafeln und Bänke und Stühle fanden. Doch wollte uns bedünken, dass wir gar zu schmal abgefunden würden, ob wir uns gleich bei dem bekannten allgemeinen Mangel bescheiden darein ergaben.

Indessen schenkte mir das Glück Gelegenheit, einem bessern Gastmahl beizuwohnen. Es war zeitig Nacht geworden, jedermann hatte sich sogleich auf die zubereitete Streue gelegt; auch ich war eingeschlafen, doch weckte mich ein lebhafter, angenehmer Traum: denn mir schien, als röch' ich, als genöss' ich die besten Bissen, und als ich darüber aufwachte, mich aufrichtete, war mein Zelt voll des herrlichsten Geruchs gebratenen und versengten Schweinefettes, der mich sehr lüstern machte. Unmittelbar an der Natur musste es uns verziehen sein, den Schweinehirten für göttlich und Schweinebraten für unschätzbar zu halten. Ich stand auf und erblickte in ziemlicher Ferne ein Feuer, glücklicherweise oder dem Wind: von da her kam mir die Fülle des guten Dunstes. Unbedenklich ging ich dem schein nach und fand die sämtliche Dienerschaft um ein großes, blad zu Kohlen verbranntes Feuer beschäftigt, den Rücken des Schweins schon beinahe gar, das übrige zerstückt, zum Einpacken bereit, einen jeden aber tätig und handreichend, um die Würste bald zu vollenden. Unfern des Feuers lagen ein paar große Baumstämme; nach Begrüßung der Gesellschaft setzt' ich mich darauf, und ohne ein Wort zu sagen, sah ich einer solchen Tätigkeit mit Vergnügen zu.

Teils wollten mir die guten Leute wohl, teils konnten sie den unerwarteten Gast schicklicherweise nicht ausschließen, und wirklich, da es zum Austeilen kam, reichten sie mir ein kostbares Stück, auch war Brot zu haben und ein Schluck Branntwein dazu: es fehlte eben an keinem Guten. Nicht weniger ward mir ein tüchtiges Stück Wurst gereicht, als wir uns noch bei Nacht und Nebel zu Pferde setzten; ich steckte es in meine Pistolenhalfter, und so war mir die Begünstigung des Nachtwindes gut zustatten gekommen.

Den 2. Oktober.

Wenn man sich auch mit einigem Essen und Trinken gestärkt und den Geist durch sittliche Trostgründe beschwichtigt hatte, so wechselten doch immer Hoffnung und Sorge, Verdruss und Scham in der schwankenden Seele: man freute sich, noch am Leben zu sein; unter solchen Bedingungen zu leben verwünschte man. Nachts um zwei Uhr brachen wir auf, zogen mit Vorsicht an einem Wald vorbei, kamen bei Vaux über die Stelle unseres vor kurzem verlassenen Lagers und bald an die Aisne. Hier fanden wir zwei Brücken geschlagen, die uns aufs rechte Ufer hinüberleiteten. Da verweilten wir nun zwischen beiden, die wir zugleich übersehen konnten, auf einem Sand- Und

Weidenwerder, das lebhafteste Küchenfeuer sogleich besorgend. Die zartesten Linsen, die ich jemals genossen, lange, rote, schmackhafte Kartoffeln waren bald bereitet. Als aber zuletzt jene von den österreichischen Fuhrleuten aufgebrachten, bisher streng verheimlichten Schinken gar geworden, konnte man sich genugsam wieder herstellen.

Die Equipage war schon herüber; aber bald eröffnete sich ein so prächtiger als trauriger Anblick. Die Armee zog über die Brücken, Fußvolk und Artillerie, die Reiterei durch einen Furt, alle Gesichter düster, jeder Mund verschlossen, eine grässliche Empfindung mitteilend. Kamen Regimenter heran, unter denen man Bekannte, Befreundete wusste, so eilte man hin, man umarmte, man besprach sich, aber unter welchen Fragen, welchem Jammer, welcher Beschämung, nicht ohne Tränen!

Indessen freuten wir uns, so marketenderhaft eingerichtet zu sein, um Hohe wie Niedere erquicken zu können. Erst war die Trommel eines allda postierten Piketts die Tafel, dann holte man aus benachbarten Orten Stühle, Tische und machte sich's und den verschiedenartigsten Gästen so bequem als möglich. Der Kronprinz und Prinz Louis ließen sich die Linsen schmecken, mancher General, der von weitem Rauch sah, zog sich darnach. Freilich, wie auch unser Vorrat sein mochte, was solle das unter so viele? Man musste zum zweiten und dritten Mal ansetzen, und unsere Reserve verminderte sich.

Wie nun unser Fürst gern alles mitteilte, so hielten's auch seine Leute, und es wäre schwer, einzeln zu erzählen, wie viel der unglücklichen vorbeiziehenden Kranken durch Kämmerier und Koch erquickt wurden.

So ging es nun den ganzen Tag, und so ward mir der Rückzug nicht etwa nur durch Beispiel und Gleichnis, nein, in seiner völligen Wirklichkeit dargestellt und der Schmerz durch jede neue Uniform erneuert und vervielfältigt. Ein so grauenvolles Schauspiel sollte denn auch seiner würdig schließen: der König und sein Generalstab ritt von weiten her, hielt an der Brücke eine Zeitlang still, als wenn er sich's noch einmal übersehen und überdenken wollte, zog dann aber am Ende den Weg aller der Seinen. Eben so erschien der Herzog von Braunschweig an der andern Brücke, zauderte und ritt herüber.

Die Nacht brach ein, windig aber trocken, und ward auf dem traurigen
Weidenkreis meist schlaflos zugebracht.

Den 3. Oktober.

Morgens um sechs Uhr verließen wir diesen Platz, zogen über eine Anhöhe nach Grandpré zu und trafen daselbst die Armee gelagert. Dort gab es neues Übel und neue Sorgen: das Schloss war zum Krankenhaus umgebildet und schon mit mehreren hundert Unglücklichen belegt, denen man nicht helfen, sie nicht erquicken konnte. Man zog mit Scheu vorüber und musste sie der Menschlichkeit des Feindes überlassen.

Hier überfiel uns abermals ein grimmiger Regen und lähmte jede
Bewegung.

Den 4. Oktober.

Die Schwierigkeit, vom Platz zu kommen, wuchs mehr und

mehr; um den unfahrbaren Hauptwegen zu entgehen, suchte man sich Bahn über Feld. Der Acker, von rötlicher Farbe, noch zäher als der bisherige Kreideboden, hinderte jede Bewegung. Die vier kleinen Pferde konnten meine Halbchaise kaum erziehen, ich dachte sie wenigstens um das Gewicht meiner Person zu erleichtern. Die Reitpferde waren nicht zu erblicken; der große Küchenwagen, mit sechs tüchtigen bespannt, kam an mir vorbei. Ich bestieg ihn, von Viktualien war er nicht ganz leer, die Küchenmagd aber stak sehr verdrießlich in der Ecke. Ich überließ mich meinen Studien. Den dritten Band von Fischers physikalischem Lexikon hatte ich aus dem Koffer genommen; in solchen Fällen ist ein Wörterbuch die willkommenste Begleitung, wo jeden Augenblick eine Unterbrechung vorfällt, und dann gewährt er wieder die beste Zerstreuung, indem es uns von einem zum andern führt.

Man hatte sich auf den zähen, hie und da quelligen roten Tonfeldern notgedrungen unvorsichtig eingelassen; in einer solchen Falge musste zuletzt auch dem tüchtigen Küchengespann die Kraft ausgehen. Ich schien mir in meinem Wagen wie eine Parodie von Pharao im Roten Meer, denn auch um mich her wollten Reiter und Fußvolk in gleicher Farbe gleicher Weise versinken. Sehnsüchtig schaut' ich nach allen umgebenden Hügelhöhen: da erblickt' ich endlich die Reitpferde, darunter den mir bestimmten Schimmel; ich winkte sie mit Heftigkeit herbei, und nachdem ich meine Physik der armen, krankverdrießlichen Küchenmagd übergeben und ihrer Sorgfalt empfohlen, schwang ich mich aufs Pferd, mit dem festen Vorsatz, mich sobald nicht wider auf eine Fahrt einzulassen. Hier ging es nun freilich selbständiger, aber nicht besser noch schneller.

Grandpré, das nun als ein Ort der Pest und des Todes geschildert war, ließen wir gern hinter uns. Mehrere befreundete Kriegsgenossen trafen zusammen und traten im Kreis, hinter sich am Zügel die Pferde haltend, um ein Feuer. Sie sagen, dies sei das einzige Mal gewesen, wo ich ein verdrießlich Gesicht gemacht und sie wieder durch Ernst gestärkt, noch durch Scherz erheitert habe.

Den 4. Oktober.

Der Weg, den das Heer eingeschlagen hatte, führte gegen Buzancy, weil man oberhalb Dun über die Maas gehen wollte. Wir schlugen unser Lager unmittelbar bei Sivry, in dessen Umgegend wir noch nicht alles verzehrt fanden. Der Soldat stürzte in die ersten Gräten und verdarb, was andere hätten genießen können. Ich ermunterte unsern Koch und seine Leute zu einer strategischen Furagierung: wir zogen ums ganze Dorf und fanden noch völlig unangetastete Gräten und eine reiche, unbestrittene Ernte. Hier war von Kohl und Zwiebeln, von Wurzeln und andern guten Vegetabilien die Fülle; wir nahmen deshalb nicht mehr, als wir brauchten, mit Bescheidenheit und Schonung. Der Garten war nicht groß, aber sauber gehalten, und ehe wir zu dem Zaun wieder hinaus krochen, stellt' ich Betrachtungen an, wie es zugehe, dass in einem Hausgarten doch auch keine Spur von einer Türe ins anstoßende Gebäude zu entdecken sei. Als wir, mit Küchenbeute wohl beschwert, wieder zurückkamen, hörten wir großen Lärm vor dem Regiment. Einem Reiter war sein vor zwanzig Tagen etwa in dieser Gegend requiriertes Pferd davon gelaufen, es hatte den Pfahl, an dem es gebunden gewesen, mit fortgenommen; der Kavallerist wurde sehr übel angesehen, bedroht und befehligt, das Pferd wiederzuschaffen.

Da es beschlossen war, den 5. in der Gegend zu rasten, so wurden wir in Sivry einquartiert und fanden nach so viel Unbilden die Häuslichkeit gar erfreulich und konnten den französisch-ländlichen, idyllisch-homerischen Zustand zu unserer Unterhaltung und Zerstreuung abermals genauer bemerken. Man trat nicht unmittelbar von der Straße in das Haus, sondern fand sich erst in einem kleinen, offenen, viereckigen Raum, wie die Türe selbst das Quadrat angab; von da gelangte man durch die eigentliche Haustüre in ein geräumiges, hohes, dem Familienleben bestimmtes Zimmer; es war mit Ziegelsteinen gepflastert, links, an der langen Wand, ein Feuerherd, unmittelbar an Mauer und Erde; die Esse, die den Rauch abzog, schwebte darüber. Nach Begrüßung der Wirtsleute zog man sich gern dahin, wo man eine entschieden bleibende Rangordnung für die Umsitzenden gewahrte. Rechts am Feuer stand ein hohes Klappkästchen, das auch zum Stuhl diente; es enthielt das Salz, welches, in Vorrat angeschafft, an einem trocknen

Platz verwahrt werden musste. Hier war der Ehrensitz, der sogleich dem vornehmsten Fremden angewiesen wurde; auf mehrere hölzerne Stühle setzten sich die übrigen Ankömmlinge mit den Hausgenossen. Die landsittliche Kochvorrichtung, *pot au feu*, konnt' ich hier zum ersten Mal genau betrachten. Ein großer eiserner Kessel hing an einem Haken, den man durch Verzahnungen erhöhen und erniedrigen konnte, über dem Feuer; darin befand sich schon ein gutes Stück Rindfleisch mit Wasser und Salz, zugleich aber auch mit weißen und gelben Rüben, Porree, Kraut und andern vegetabilischen Ingredienzien.

Indessen wir uns freundlich mit den guten Menschen besprochen, bemerkt' ich erst, wie architektonisch klug Anrichte, Gossenstein, Topf- und Tellerbretter angebracht seien. Diese nahmen sämtlich den länglichen raum ein, den jenes Viereck des offenen Vorhauses inwendig zur Seite ließ. Nett und alles der Ordnung gemäß war das Gerät zusammengestellt; eine Magd oder Schwester des Hauses besorgte alles aufs zierlichste. Die Hausfrau saß am Feuer, ein Knabe stand an ihren Knien, zwei Töchterchen drängten sich an sie heran. Der Tisch war gedeckt, ein großer irdener Napf aufgestellt, schönes weißes Brot in Scheibchen hinein geschnitten, die heiße Brühe drüber gegossen und guter Appetit empfohlen. Hier hätten jene Knaben, die mein Kommissbrot verschmähten, mich auf das Muster von bon pain und bonne soupe verweisen können. Hierauf folgte das zu gleicher Zeit gar gewordene Zugemüse, sowie das Fleisch, und jedermann hätte sich an dieser einfachen Kochkunst begnügen können.

Wir fragten teilnehmend nach ihren Zuständen: sie hatten schon das vorige Mal, als wir solange bei Landres gestanden, sehr viel gelitten und fürchteten, kaum hergestellt, von einer feindlichen zurückziehenden Armee nunmehr den völligen Untergang. Wir bezeigten uns teilnehmend und freundlich, trösteten sie, dass es nicht lange dauern werde, da wir, außer der Arrieregarde, die letzten seien, und gaben ihnen Rat und Regel, wie sie sich gegen Nachzügler zu verhalten hätten. Bei immer wechselnden Sturm und Regengüssen brachten wir den Tag meist unter Dach und am Feuer zu, das Vergangene in Gedanken zurückrufend, das Nächstbevorstehende nicht ohne Sorge bedenkend. Seit Grandpré hatte ich weder Wagen noch Koffer noch Bedienten wieder gesehen, Hoffnung und Sorge wechselten deshalb augenblicklich ab. Die Nacht war herangekommen, die Kinder sollten zu Bett gehen; sie näherten sich Vater und Mutter ehrfurchtsvoll, verneigten sich, küssten ihnen die Hand und sagten: "Bon soir, Papa! Bon soir, Maman!" mit wünschenswerter Anmut. Bald darauf erfuhren wir, dass der Prinz von Braunschweig in unserer Nachbarschaft gefährlich krank liege, und erkundigten uns nach ihm. Besuch lehnte man ab und versicherte zugleich, dass es mit ihm viel besser geworden, so dass er morgen früh unverzüglich aufzubrechen gedenke.

Kaum hatten wir uns vor dem schrecklichen Regen wieder ans Kamin geflüchtet, als ein junger Mann herein trat, den wir als den jüngeren Bruder unseres Wirts wegen entschiedener Ähnlichkeit erkennen mussten; und so erklärte sich's auch. In die Tracht des französischen Landvolks gekleidet, einen starken Stab in der Hand, trat er auf, ein schöner junger Mann. Sehr ernst, ja verdrießlich wild saß er bei uns am Feuer, ohne zu sprechen; doch hatte er sich kaum erwärmt, als er mit seinem Bruder auf und ab, sodann in das nächste Zimmer trat. Sie sprachen sehr lebhaft und vertraulich zusammen. Er ging in den grimmigen Regen hinaus, ohne dass ihn unsere Wirtsleute zu halten suchten.

Aber auch wir wurden durch ein Angst- und Zetergeschrei in die stürmische Nacht hinaus gerufen. Unsere Soldaten hatten unter dem Vorwand, Furage auf den Böden zu suchen, zu plündern angefangen, und zwar ganz ungeschickter Weise, indem sie einem Weber sein Werkzeug wegnahmen, eigentlich für sie ganz unbrauchbar. Mit Ernst und einigen guten Worten brachten wir die Sache wieder ins gleiche: Denn es waren nur wenige, die sich solcher Tat unterfingen. Wie leicht konnte das ansteckend werden und alles drunter und rüber gehen!

Da sich mehrere Personen zusammengefunden hatten, so trat ein weimarscher Husar zu mir, seines Handwerks ein Fleischer, und vertraute, dass er in einem benachbarten Haus ein gemästetes Schwein entdeckt habe: er feilsche darum, könne es aber von dem Besitzer nicht erhalten; wir möchten mit Ernst dazu tun, denn es würde in den nächsten Tagen an allem fehlen. Es war wunderbar genug, dass wir, die soeben der Plünderung Einhalt getan, zu einem ähnlichen Unternehmen aufgefordert werden sollten. Indessen, da der Hunger kein Gesetz anerkennt, gingen wir mit dem Husar in das bezeichnete Haus, fanden gleichfalls ein großes Kaminfeuer, begrüßten die Leute und setzten uns zu ihnen. Es hatte sich noch ein anderer weimarscher Husar, namens Liseur, zu uns gefunden, dessen Gewandtheit wir die Sache vertrauten. Er begann in geläufigem Französisch von den Tugenden regulierter Truppen zu sprechen und rühmte die Personen, welche nur für bares Geld die notwendigsten Viktualien anzuschaffen verlangen; dahingegen schalt er die Nachzügler, Packknechte und Marketender, die mit Ungestüm und Gewalt auch die letzte Klaue sich zuzueignen gewohnt seien. Er wolle daher einem jeden den wohlmeinenden Rat geben, auf den Verkauf zu sinnen, weil Geld noch immer leichter zu verbergen sei als Tiere, die man wohl auswittere.

Seine Argumente jedoch schienen keinen großen Eindruck zu machen, als seine Unterhandlung seltsam genug unterbrochen wurde.

An der fest verschlossenen Haustüre entstand auf einmal ein heftiges Pochen: man achtete nicht darauf, weil man keine Lust hatte, noch mehr Gäste einzulassen; es pochte fort, die kläglichste Stimme rief dazwischen, eine Weiberstimme, die auf gut Deutsch flehentlich um Eröffnung der Türe bat. Endlich erweicht, schloss man auf: es drang eine alte Marketenderin herein, etwas in ein Tuch gewickelt auf dem Arm tragend; hinter ihr eine junge Person, nicht hässlich, aber blass und entkräftet, sie heilt sich kaum auf den Füßen. Mit wenigen, aber rüstigen Worten erklärte die Alte den Zustand, indem sie ein nacktes Kind vorwies, von dem jene Frau auf der Flucht entbunden worden. Dadurch versäumt, waren sie, misshandelt von Bauern, in dieser Nacht endlich an unsere Pforte gekommen. Die Mutter hatte, weil ihr die Milch verschwunden, dem Kind, seitdem es Atem holte, noch keine Nahrung reichen können. Jetzt forderte die Alte mit Ungestüm Mehl, Milch, Tiegel, auch Leinwand, das Kind hineinzuwickeln. Da sie kein Französisch konnte, mussten wir in ihrem Namen fordern, aber ihr herrisches Wesen, ihre Heftigkeit gab unseren Reden genug pantomimisches Gewicht und Nachdruck: man konnte das Verlangte nicht geschwind genug herbeischaffen, und das Herbeigeschaffte war ihr nicht gut genug. Dagegen war auch sehenswert, wie behänd sie verfuhr. Uns hatte sie blad vom Feuer verdrängt; der beste Sitz war sogleich für die Wöchnerin eingenommen, sie aber machte sich auf ihrem Schemel so breit, als wenn sie im Haus allein wäre. In einem Nu war das Kind gereinigt und gewickelt, der Brei gekocht; sie fütterte das kleine Geschöpf, dann die Mutter, an sich selbst dachte sie kaum. Nun verlangte sie frische Kleider für die Wöchnerin, indes die alten trockneten. Wir betrachteten sie mit Verwunderung: sie verstand sich aufs Requirieren.

Der Regen ließ nach, wir suchten unser voriges Quartier, und kurz darauf brachten die Husaren das Schwein. Wir zahlten ein Billiges; nun sollte es geschlachtet werden; es geschah, und als im Nebenzimmer am Tragebalken ein Kloben eingeschraubt zu sehen war, hing das Schwein sogleich dort, um kunstmäßig zerstückt und bereitet zu werden.

Dass unsere Hausleute bei dieser Gelegenheit sich nicht verdrießlich, vielmehr behilflich und zutätig erwiesen, schien uns einigermaßen wunderbar, da sie wohl Ursache gehabt hätten, unser Betragen roh und rücksichtslos zu finden. In demselbigen Zimmer, wo wir die Operation vornahmen, lagen die Kinder in reinlichen Betten, und aufgeweckt durch unser Getöse, schauten sie artig furchtsam unter den Decken hervor. Nahe an einem großen zweischläfrigen Ehebett, mit grünem Rasch sorgfältig umschlossen, hing das Schwein, so dass die Vorhänge einen malerischen Hintergrund zu dem erleuchteten Körper machten. Es war ein Nachtstück ohnegleichen. Aber solchen Betrachtungen konnten sich die Einwohner nicht hingeben; wir merkten vielmehr, dass sie jenem Haus, dem man das Schwein abgewonnen, nicht sonderlich befreundet seien und also eine gewisse Schadenfreude hierbei obwalte. Früher hatten wir auch gutmütig einiges von Fleisch und Wurst versprochen; das alles kam der Funktion zu statten, die in wenig Stunden vollendet sein sollte. Unser Husar aber bewies sich in seinem Fach so tätig und behänd, wie die Zigeunerin drüben in dem ihrigen, und wir freuten uns schon auf die guten Würste und Braten, die uns von dieser Halbbeute zuteil werden sollten. In Erwartung dessen legten wir uns in der Schmiedewerkstatt unseres Wirtes auf die schönsten Weizengarben und schliefen geruhig bis an den

Tag. Indessen hatte unser Husar sein Geschäft im Innern des Hauses vollendet, ein Frühstück fand sich bereit, und das übrige war schon eingepackt, nachdem vorher den Wirtsleuten gleichfalls ihr Teil gespendet worden, nicht ohne Verdruss unserer Leute, welche behaupteten: bei diesem Volk sei Gutmütigkeit übel angewendet, sie hätten gewiss noch Fleisch und andere gute Dinge verborgen, die wir auszuwittern noch nicht recht gelernt hätten.

Als ich mich in dem innern Zimmer umsah, fand ich zuletzt eine Türe verriegelt, die ihrer Stellung nach in einen Garten gehen musste. Durch ein kleines Fenster an der Seite konnt' ich bemerken, dass ich nicht irre geschlossen hatte: der Garten lag etwas höher als das Haus, und ich erkannt' ihn ganz deutlich für denselben, wo wir uns früh mit Küchenwaren versehen hatten. Die Türe war verrammelt und von außen so geschickt verschüttet und bedeckt, dass ich nun wohl begriff, warum ich sie heute früh vergebens gesucht hatte. Und so stand es in den Sternen geschrieben, dass wir, ungeachtet aller Vorsicht, doch in das Haus gelangen sollten.

Den 6. Oktober früh.

Bei solchen Umgebungen darf man sich nicht einen Augenblick Ruhe, nicht das kürzeste Verharren irgendeines Zustandes erwarten. Mit Tagesanbruch war der ganze Ort auf einmal in großer Bewegung: die Geschichte des entflohenen Pferdes kam wieder zur Sprache. Der geängstigte Reiter, der es herbeischaffen oder Strafe leiden und zu Fuß gehen sollte, war auf den nächsten Dörfern herumgerannt, wo man ihm denn, um die Plackerei selbst loszuwerden, zuletzt versicherte, es müsse in Sivry stecken;

dort habe man vor so viel Wochen einen Rappen ausgehoben, wie er ihn beschreibe; unmittelbar vor Sivry habe nun das Pferd sich losgemacht, und was sonst noch die Wahrscheinlichkeit vermehren mochte. Nun kam er, begleitet von einem ernsten Unteroffizier, der, durch Bedrohung des ganzen Ortes, endlich die Auflösung des Rätsels fand. Das Pferd war wirklich hinein nach Sivry zu seinem vorigen Herrn gelaufen; die Freude, den vermissten Haus- und Stallgenossen wieder zu sehen, sagen sie, sei in der Familie grenzenlos gewesen, allgemein die Teilnahme der Nachbarn. Künstlich genug hatte man das Pferd auf einen Oberboden gebracht und hinter Heu versteckt; jedermann bewahrte das Geheimnis. Nun aber ward es, unter Klagen und Jammern wieder hervorgezogen, und Betrübnis ergriff die ganze Gemeinde, als der Reiter sich darauf schwang und dem Wachtmeister folgte. Niemand gedachte weder eigener Lasten noch des Keineswegs aufgeklärten allgemeinen Geschickes: das Pferd und der zum zweiten Mal getäuschte Besitzer waren der Gegenstand der zusammengelaufenen Menge.

Eine augenblickliche Hoffnung tat sich hervor: der Kronprinz von Preußen kam geritten, und indem er sich erkundigen wollte, was die Menge zusammengebracht, wendeten sich die guten Leute an ihn mit Flehen, er möge ihnen das Pferd wieder zurückgeben. Es stand nicht in seiner Macht, denn die Kriegsläufe sind mächtiger als die Könige; er ließ sie trostlos, indem er sich stillschweigend entfernte.

Nun besprachen wir wiederholt mit unsern guten Hausleuten das Manöver gegen die Nachzügler; denn schon spukte das Geschmeiß hin und wieder. Wir rieten: Mann und Frau, Magd und Geselle sollten in der Türe innerhalb des kleinen Vorraums sich halten und allenfalls ein Stück

Brot, einen Schluck Wein, wenn es gefordert würde, auswendig reichen, den eindringenden Ungestüm aber standhaft abwehren. Mit Gewalt erstürmten dergleichen Leute nicht leicht ein Haus; einmal eingelassen aber werde man ihrer nicht wieder Herr. Die guten Menschen baten uns, noch länger zu bleiben, allein wir hatten an uns selber zu denken: das Regiment des Herzogs war schon vorwärts und der Kronprinz abgeritten; dies war genug, unsern Abschied zu bestimmen.

Wie klüglich dies gewesen, wurde uns noch deutlicher, als wir, bei der Kolonne angelangt, zu hören hatten, dass der Vortrab der französischen Prinzen gestern, als er eben den Pass Le Chêne Populeux und die Aisne hinter sich gelassen, zwischen les Grandes und les Petites Armoises von Bauern angegriffen worden; einem Offizier solle das Pferd unterm Leib getötet, dem Bedienten des Kommandierenden eine Kugel durch den Hut gegangen sein. Nun fiel mir's aufs Herz, dass in vergangner Nacht als der bärbeißige Schwager ins Haus trat, ich einer solchen Ahnung mich nicht erwehren konnte.

Zum 6. Oktober.

Aus der gefährlichen Klemme waren wir nun heraus, unser Rückzug jedoch noch immer beschwerlich und bedenklich, der Transport unseres Haushaltes von Tag zu Tage lästiger; denn freilich führten wir ein komplettes Mobiliar mit uns: außer dem Küchengerät noch Tisch und Bänke, Kisten, Kasten und Stühle, ja ein paar Blechöfen. Wie sollte man die mehreren Wagen fortbringen, da der Pferde täglich weniger wurden! Einige fielen, die überbliebenen zeigten sich kraftlos. Es blieb nichts übrig, als einen wagen stehen zu lassen, um die andern fortzubringen. Nun ward geratschlagt, was wohl das Entbehrlichste sei, und so musste man einen mit allerlei Gerät wohl bepackten Wagen im Stich lassen, um nicht alles zu entbehren. Diese Operation wiederholte sich einige Mal, unser Zug ward um vieles kompendioser, und doch wurden wir aufs neue an eine solche Reduktion gemahnt, da wir uns an den niedrigen Ufern der Maas mit größter Unbequemlichkeit fortschleppten.

Was mich aber in diesen Stunden am meisten drückte und besorgt machte, war, dass ich meinen Wagen schon einige Tage vermisste. Nun konnt' ich mir's nicht anders denken, als mein sonst so resoluter Diener sei in Verlegenheit geraten, habe seine Pferde verloren, und andere zu requirieren nicht vermocht. Da sah ich denn in trauriger Einbildungskraft meine werte böhmische Halbchaise, ein Geschenk meines Fürsten, die mich schon so weit in der Welt herumgetragen, im Kot versunken, vielleicht auch über Bord geworfen, und somit, wie ich da zu Pferde saß, trug ich nun alles bei mir. Der Koffer mit Kleidungsstücken, Manuskripten jeder Art und manches durch Gewohnheit sonst noch werte Besitztum, alles schien mir verloren und schon in die Welt zerstreut.

Was war aus der Brieftasche mit Geld und bedeutenden Papieren geworden? Aus sonstigen Kleinigkeiten, die man an sich herumsteckt? Hatte ich das alles nun recht umständlich und peinlich durchgedacht, so stellte sich der Geist aus dem unerträglichen Zustand bald wieder her. Das Vertrauen auf meinen Diener fing wieder an, zu wachsen, und wie ich vorher umständlich den Verlust gedacht, so dacht' ich nunmehr alles durch seine Tätigkeit erhalten und freute mich dessen, als läg' es mir schon vor Augen.

Den 7. Oktober.

Als wir eben auf dem linken Ufer der Maas aufwärts zogen, um an die Stelle zu gelangen, wo wir übersetzen und die gebahnte Hauptstraße jenseits erreichen sollten, gerade auf dem sumpfigsten Wiesenfleck, hieß es, der Herzog von Braunschweig komme hinter uns her. Wir heilten an und begrüßten ihn ehrerbietig; er heilt auch ganz nahe vor uns stille und sagte zu mir: "Es tut mir zwar leid, dass ich Sie in dieser unangenehmen Lage sehe, jedoch darf es mir in dem Sinn erwünscht sein, dass ich einen einsichtigen, glaubwürdigen Mann mehr weiß, der bezeugen kann, dass wir nicht vom Feind, sondern von den Elementen überwunden worden."

Er hatte mich in dem Hauptquartier zu Hans vorbeigehend gesehen und wusste überhaupt, dass ich bei dem ganzen traurigen Zug gegenwärtig gewesen. Ich antwortete ihm etwas Schickliches und bedauerte noch zuletzt, dass er, nach so viel Leiden und Anstrengung, noch durch die Krankheit seines fürstlichen Sohnes sei in Sorgen gesetzt worden, woran wir vorige Nacht in Sivry großen Anteil empfunden. Er nahm es wohl auf, denn dieser Prinz war sein Liebling, zeigte sodann auf ihn, der in der Nähe hielt; wir verneigten uns auch vor ihm. Der Herzog wünschte uns allen Geduld und Ausdauer, und ich ihm dagegen eine ungestörte Gesundheit, weil ihm sonst nichts abgehe, uns und die gute Sache zu retten. Er hatte mich eigentlich niemals geliebt, das musste ich mir gefallen lassen; er gab es zu erkennen, das konnt' ich ihm verzeihen: nun aber war das Unglück eine milde Vermittlerin geworden, die uns auf eine teilnehmende Weise zusammenbrachte.

Den 7. und 8. Oktober.

Wir hatten über die Maas gesetzt und en Weg eingeschlagen, der aus den Niederlanden nach Verdun führt; das Wetter war furchtbarer als je, wir lagerten bei Consenvoye. Die Unbequemlichkeit, ja das Unheil stiegen aufs höchste: die Zelte durchnässt, sonst kein Schirm, kein Obdach; man wusste nicht, wohin man sich wenden sollte; noch immer fehlte mein Wagen, und ich entbehrte das Notwendigste. Konnte man sich auch unter einem Zelt bergen, so war doch an keine Ruhestelle zu denken. Wie sehnte man sich nicht nach Stroh, ja nach irgendeinem Brettstück, und zuletzt blieb doch nichts übrig, als sich auf den kalten, feuchten Boden niederzulegen!

Nun hatte ich aber schon in vorigen gleichen Fällen mir ein praktisches Hilfsmittel ersonnen, wie solche Not zu überdauern sei; ich stand nämlich so lange auf den Füßen, bis die Knie zusammenbrachen, dann setzt' ich mich auf einen Feldstuhl, wo ich hartnäckig verweilte, bis ich niederzusinken glaubte, da denn jede Stelle wo man sich horizontal ausstrecken konnte, höchst willkommen war. Wie also Hunger das beste Gewürz bleibt, so wird Müdigkeit der herrlichste Schlaftrunk sein.

Zwei Tage und zwei Nächte hatten wir auf diese Weise verlebt, als der traurige Zustand einiger Kranken auch Gefunden zugute kommen sollte. Des Herzogs Kammerdiener war von dem allgemeinen Übel befallen, einen Junker, vom Regiment hatte der Fürst aus dem Lazarett von Grandpré gerettet; nun beschloss er, die beiden in das etwa zwei Meilen entfernte Verdun zu schicken. Kämmerier Wagner wurde ihnen zur Pflege mitgegeben, und ich säumte nicht, auf gnädigste vorsorgliche Anmahnung, den vierten Platz einzunehmen. Mit Empfehlungsschreiben an den Kommandanten wurden wir entlassen, und als beim Einsitzen der Pudel nicht zurückbleiben durfte, so ward aus dem sonst so beliebten Schlafwagen ein halbes Lazarett und etwas Menagerieartiges.

Zur Eskorte, zum Quartier- und Proviantmeister erhielten wir jenen Husaren, der, namens Liseur, aus Luxemburg gebürtig, der Gegend kundig, Geschick, Gewandtheit und Kühnheit eines Freibeuters vereinigte; mit Behagen ritt er voraus und machte dem mit sechs starken Schimmeln bespannten Wagen und sich selbst ein gutes Ansehen.

Zwischen ansteckende Kranke gepackt, wusst' ich von keiner Apprehension. Der Mensch, wenn er sich getreu bleibt, findet zu jedem Zustand eine hilfreiche Maxime; mir stellte sich, sobald die Gefahr groß ward, der blindeste Fatalismus zur Hand, und ich habe bemerkt, dass Menschen, die ein durchaus gefährliche Metier treiben, sich durch denselben Glauben gestählt und gestärkt fühlen. Die mahomedanische Religion gibt hiervon den besten Beweis.

Den 9. Oktober.

Unsere traurige Lazarettfahrt zog nun langsam dahin und gab zu ernsten Betrachtungen Anlass, da wir in dieselbe Heerstraße fielen, auf der wir mit so viel Mut und Hoffnung ins Land eingetreten waren. Hier berührten wir nun wieder dieselbe Gegend, wo der erste Schuss aus den Weinbergen fiel, denselben Hochweg, wo uns die hübsche Frau in die Hände lief und zurückgeführt worden; kamen an dem Mäuerchen vorbei, von wo sie uns mit den Ihrigen freundlich und zur Hoffnung aufgeregt begrüße. Wie sah das alles jetzt anders aus! Und wie doppelt unerfreulich erschienen die Folgen eines fruchtlosen Feldzugs durch den trüben Schleier eines anhaltenden Regenwetters!

Doch mitten in diesen Trübnissen sollte mir gerade das Erwünschteste begegnen. Wir holten ein Fuhrwerk ein, das mit vier kleinen, unansehnlichen Pferden vor uns herzog; hier aber gab es einen Lust- und Erkennungsauftritt, denn es war mein Wagen, mein Diener. "Paul!" rief ich aus, "Teufelsjunge, bist du's! Wie kommst du hierher?" Der Koffer stand geruhig aufgepackt an seiner alten Stelle: welch erfreulicher Anblick! Und als ich mich nach Portefeuille und anderem hastig erkundigte, sprangen zwei Freunde aus dem Wagen, geheimer Sekretär Weyland und Hauptmann Vent. Das war eine gar frohe Szene des Wiederfindens, und ich erfuhr nun, wie es bisher zugegangen.

Seit der Flucht jener Bauerknaben hatte mein Diener die vier Pferde durchzubringen gewusst und sich nicht allein von Hans bis Grandpré, sondern auch von da, als er mir aus den Augen gekommen, über die Aisne geschleppt und immer so fort verlangt, begehrt, furagiert, requiriert, bis wir zuletzt glücklich wieder zusammentrafen und nun, alle vereint und höchst vergnügt, nach Verdun zogen, wo wir genugsame Ruhe und Erquickung zu finden hofften.

Hierzu hatte denn auch der Husar weislich und klüglich die besten Voranstalten getroffen: er war voraus in die Stadt geritten und hatte sich, bei der Fülle des Dranges, gar bald überzeugt, dass hier ordnungsgemäß, durch Wirksamkeit und guten Willen eines Quartieramts, nichts zu hoffen sei; glücklicherweise aber sah er in dem Hof eines schönen Hauses Anstalten zu einer herannahenden Abreise, er sprengte zurück, bedeutete uns, wie wir fahren sollten, und eilte nun, sobald jene Partei heraus war, das Hoftor zu besetzen, dessen Schließen zu verhindern und uns gar erwünscht zu empfangen. Wir fuhren ein, wir stiegen aus, unter Protestation einer alten Haushälterin, welche, soeben von einer Einquartierung befreit, keine neue, besonders ohne Billett, aufzunehmen Lust empfand. Indessen waren die Pferde schon ausgespannt und im Stall, wir aber hatten uns in die oberen Zimmer geteilt; der Hausherr, ältlich, Edelmann, Ludwigsritter, ließ es geschehen: weder er noch Familie wollten von Gästen weiter wissen, am wenigsten diesmal von Preußen auf dem Rückzug.

Den 10. Oktober.

Ein Knabe, der uns in der verwilderten Stadt herumführte, fragte mit Bedeutung: ob wir denn von den unvergleichlichen Verduner Pastetchen noch nicht gekostet hätten? Er führte uns darauf zu dem berühmtesten Meister dieser Art. Wir traten in einen weiten Hausraum, in welchem große und kleine Öfen ringsherum angebracht waren, zugleich auch in der Mitte Tisch und Bänke zum frischen Genuss des augenblicklich Gebacknen. Der Künstler trat vor, sprach aber seine Verzweiflung höchst lebhaft aus, dass es ihm nicht möglich sei, uns zu bedienen, da es ganz und gar an Butter fehle. Er zeigte die schönsten Vorräte des feinsten Weizenmehls; aber wozu nützten ihm diese ohne Milch und Butter! Er rühmte sein Talent, den Beifall der Einwohner, der Durchreisenden und bejammerte nur, dass er gerade jetzt, wo er sich vor solchen Fremden zuzeigen und seinen Ruf auszubreiten Gelegenheit finde, gerade des Notwendigsten ermangeln müsste. Er beschwor uns daher, Butter herbeizuschaffen, und gab zu verstehen, wenn wir nur ein wenig Ernst zeigen wollten, so sollte sich dergleichen schon irgendwo finden. Doch ließ er sich für den Augenblick zufrieden stellen, als wir versprachen, bei längerem Aufenthalt von Jardin Fontaine dergleichen herbeizuholen.

Unsern jungen Führer, der uns weiter durch die Stadt begleitete und sich ebenso wohl auf hübsche Kinder als auf Pastetchen zu verstehen schien, befragten wir nach einem wunderschönen Frauenzimmer, das sich eben aus dem Fenster eines wohl gebauten Hauses herausbog. "Ja," rief er, nachdem er ihren Namen genannt, "das hübsche Köpfchen mag sich fest auf den Schultern halten: es ist auch eine von denen, die dem König von Preußen Blumen und Früchte überreicht haben. Ihr Haus und Familie dachten schon, sie wären wieder obendrauf, das Blatt aber hat sich gewendet, jetzt tausch' ich nicht mir ihr." Er sprach hierüber mit besonderer Gelassenheit, als wäre es ganz naturgemäß und könne und werde nicht anders sein.

Mein Diener war von Jardin Fontaine zurückgekommen, wohin er, unsern alten Wirt zu begrüßen und den Brief an die Schwester zu Paris wiederzubringen, gegangen war. Der neckische Mann empfing ihn gutmütig genug, bewirtete ihn aufs beste und lud die Herrschaft ein, die er gleichfalls zu traktieren versprach.

So wohl sollt' es uns aber nicht werden; denn kaum hatten wir den Kessel übers Feuer gehängt, mit herkömmlichen Ingredienzien und Zeremonien, als eine Ordonnanz herein trat und im Namen des Kommandanten, Herrn von Courbière, freundlich andeutete, wir möchten uns einrichten, morgen früh um acht Uhr aus Verdun zu fahren. Höchst betroffen, dass wir Dach, Fach und Herd, ohne uns nur einigermaßen herstellen zu können, eiligst verlassen und uns wieder in die wüste schmutzige Welt hinaus gestoßen sehen sollten, beriefen wir uns auf die Krankheit des Junkers und Kammerdieners, worauf er denn meinte, wir sollten diese baldmöglichst fortzubringen suchen, weil in der Nacht die Lazarette geleert und nur die völlig intransportablen Kranken zurückgelassen würden.

Uns überfiel Schrecken und entsetzen; denn bisher zweifelte niemand, dass von Seiten der Alliierten man Verdun und Longwy erhalten, wo nicht gar noch einige Festungen erobern und sichere Winterquartiere bereiten müsse. Von diesen Hoffnungen konnten wir nicht auf einmal Abschied nehmen; daher schien es uns, man wolle nur die Festung von den unzähligen Kranken und dem unglaublichen Tross befreien, um sie alsdann mit der notwendigen Garnison besetzen zu können. Kämmerier Wagner jedoch, der das Schreiben des Herzogs dem Kommandanten überbracht hatte, glaubte das Allerbedenklichste in diesen Maßregeln zu sehen. Was es aber auch im ganzen für einen Ausgang nähme, mussten wir uns diesmal in unser Schicksal ergeben und speisten geruhig den einfachen Topf in verschiedenen Absätzen und Trachten, als eine andere Ordonnanz abermals herein trat und uns beschied, wir möchten ja ohne Zaudern und Aufenthalt morgen früh um drei Uhr aus Verdun zu kommen suchen. Kämmerier Wagner, der den Inhalt jenes Briefs an den Kommandanten zu wissen glaubte, sah hierin ein entschiedenes Bekenntnis, dass die Festung den Franzosen sogleich wieder würde übergeben werden. Dabei gedachten wir der Drohung des Knaben, gedachten der schönen geputzten Frauenzimmer, der Früchte und Blumen und betrübten uns zum ersten Mal recht herzlich und gründlich über eine so entschieden misslungene, große Unternehmung.

Ob ich schon unter dem diplomatischen Korps echte und verehrungswürdige Freunde gefunden, so konnt' ich doch, sooft ich sie mitten unter diesen großen Bewegungen fand, mich gewisser neckischen Einfälle nicht enthalten; sie kamen mir vor wie Schauspieldirektoren, welche die Stücke wählen, Rollen austeilen und in unscheinbarer Gestalt einhergehen, indessen die Truppe, so gut sie kann, aufs beste herausgestutzt, das Resultat ihrer Bemühungen dem

Glück und der Laune des Publikums überlassen muss.

Baron Breteuil wohnte gegen uns über; seit der Halsbandsgeschichte war er mir nicht aus den Gedanken gekommen. Sein hass gegen den Kardinal von Rohan verleitete ihn zu der furchtbarsten Übereilung; die durch jenen Prozess entstandene Erschütterung ergriff die Grundfesten des Staates, vernichtete die Achtung gegen die Königin und gegen die obern Stände überhaupt: denn leider alles, was zur Sprache kam, machte nur das gräuliche Verderben deutlich, worin der Hof und die Vornehmeren befangen lagen.

Diesmal glaubte man, er habe den auffallenden Vergleich gestiftet, der uns zum Rückzug verpflichtete, zu dessen Entschuldigung man höchst günstige Bedingungen voraussetzte: man versicherte, König, Königin und Familie sollten freigegeben und sonst noch manches Wünschenswerte erfüllt werden. Die Frage aber, wie diese großen diplomatischen Vorteile mit allem übrigen, was uns doch auch bekannt war, übereinstimmen sollten, ließ einen Zweifel nach dem andern aufkeimen.

Die Zimmer, die wir bewohnten, waren anständig möbliert; mir fiel ein Wandschrank auf, durch dessen Glastüren ich viele regelmäßig beschnittene gleiche Hefte in Quart erblickte. Zu meiner Verwunderung ersah ich daraus, dass unser Wirt als einer der Notablen im Jahre 1787 zu Paris gewesen; in diesen Heften war seine Instruktion abgedruckt. Die Mäßigkeit der damaligen Forderungen, die Bescheidenheit, womit sie abgefasst, kontrastierten völlig mit den gegenwärtigen Zuständen von Gewaltsamkeit, Übermut und Verzweiflung. Ich las diese Blätter mit wahrhafter Rührung und nahm einige Exemplare zu mir.

Den 11. Oktober.

Ohne die Nacht geschlafen zu haben, waren wir früh um 3 Uhr eben im Begriff, unsern gegen das Hoftor gerichteten Wagen zu besteigen, als wir ein unüberwindliches Hindernis gewahr wurden; denn es zog schon eine ununterbrochene Kolonne Krankenwagen zischen den zur Seite aufgehäuften Pflastersteinen durch die zum Sumpf gefahrene Stadt. Als wir nun so standen, abzuwarten, was erreicht werden könnte, drängte sich unser Wirt, der Ludwigsritter, ohne zu grüßen, an uns vorbei. Unsere Verwunderung über sein frühes und unfreundliches Erscheinen ward aber bald in Mitleid verkehrt; denn sein Bedienter, hinter ihm drein, trug ein Bündelchen auf dem Stock, und so ward es nur allzu deutlich, dass er, nachdem er vier Wochen vorher Haus und Hof wieder gesehen hatte, es nun abermals, wie wir unsere Eroberungen, verlassen musste.

Sodann ward aber meine Aufmerksamkeit auf die bessern Pferde vor meiner Chaise gelenkt; da gestand denn die liebe Dienerschaft, dass sie die bisherigen schwachen, unbrauchbaren gegen Zucker und Kaffee vertauscht, sogleich aber in Requisition anderer glücklich gewesen sei. Die Tätigkeit des gewandten Liseurs war hierbei nicht zu verkennen; auch durch ihn kamen wir diesmal vom Fleck: denn er sprengte in eine Lücke der Wagenreihe und hielt das folgende Gespann so lange zurück, bis wir sechs- und vierspännig eingeschaltet waren; da ich mich denn frischer Luft in meinem leichten Wägelchen abermals erfreuen konnte.

Nun bewegten wir uns mit Leichenschritt, aber bewegten uns doch; der Tag brach an, wir befanden uns vor der Stadt in dem größtmöglichen Gewirr und Gewimmel. Alle Arten von Wagen, wenig Reiter, unzählige Fußgänger durchkreuzten sich auf dem großen Platz vor dem Tor. Wir zogen mit unserer Kolonne rechts gegen Etain, auf einem beschränkten Fahrweg mit Gräben zu beiden Seiten. Die Selbsterhaltung in einem so ungeheuren Drange kannte schon kein Mitleiden, keine Rücksicht mehr: nicht weit vor uns fiel ein Pferd vor einem Rüstwagen, man schnitt die Stränge entzwei und ließ es liegen. Als nun aber die drei übrigen die Last nicht weiterbringen konnten, schnitt man auch sie los, warf das schwer bepackte Fuhrwerk in den Graben, und mit dem geringsten Aufenthalt fuhren wir weiter und zugleich über das Pferd weg, das sich eben erholen wollte, und ich sah ganz deutlich, wie dessen Gebeine unter den Rädern knirschten und schlotterten.

Reiter und Fußgänger suchten sich von der schmalen, unwegsamen Fahrstraße auf die Wiesen zu retten; aber auch diese waren zugrunde geregnet, von ausgetretenen Gräben überschwemmt, die Verbindung der Fußpfade überall unterbrochen. Vier ansehnliche, schöne, sauber gekleidete französische Soldaten wateten eine Zeitlang neben unseren wagen her, durchaus nett und reinlich, und wussten so gut hin und her zu treten, dass ihr Fußwerk nur bis an die Knorren von der schmutzigen Wallfahrt zeugte, welche die guten Leute bestanden.

Dass man unter solchen Umständen in Gräben, auf Wiesen, Feldern und
Angern tote Pferde genug erblickte, war natürliche Folge des Zustands; bald aber fand man sie auch abgedeckt, die fleischigen
Teile sogar ausgeschnitten — trauriges Zeichen des allgemeinen
Mangels!

So zogen wir fort, jeden Augenblick in Gefahr, bei der geringsten eigenen Stockung selbst über Bord geworfen zu werden; unter welchen Umständen freilich die Sorgfalt unseres Geleitsmanns nicht genug zu rühmen und zu preisen war. Dieselbe betätigte sich denn auch zu Etain, wo wir gegen Mittag anlangten und in dem schönen, wohl gebauten Städtchen durch Straßen und auf Plätzen ein Sinn verwirrendes Gewimmel um und neben uns erblickten: die Masse wogte hin und her, und indem alles vorwärts drang, ward jeder dem anderen hinderlich. Unvermutet ließ unser Führer die Wagen vor einem wohl gebauten Haus des Marktes halten; wir traten ein, Hausherr und Frau begrüßten uns in ehrerbietiger Entfernung.

Man führte uns in ein getäfeltes Zimmer auf gleicher Erde, wo im schwarz-marmornen Kamin behagliches Feuer brannte. In dem großen Spiegel darüber beschauten wir uns ungern: denn ich hatte noch immer nicht die Entschließung gefasst, meine langen Haare kurz schneiden zu lassen, die jetzt wie ein verworrener Hanfrocken umher quollen; der Bart, strauchig, vermehrte das wilde Ansehen unserer Gegenwart.

Nun aber konnten wir, aus den niedrigen Fenstern den ganzen Markt überschauend, unmittelbar das grenzenlose Getümmel beinahe mit Händen greifen. Aller Art Fußgänger, Uniformierte, Marode, gesunde aber trauernde Bürgerliche, Weiber und Kinder drängten und quetschten sich zwischen Fuhrwerk aller Gestalt; Rüst- und Leiterwagen, Ein- und Mehrspänner; hunderterlei eigenes und requiriertes Gepferde, weichend, anstoßend, hinderte sich rechts und links. Auch Hornvieh zog damit weg, wahrscheinlich geforderte, weggenommene Herden. Reiter sah man wenig; auffallend aber waren die eleganten Wagen der Emigrierten, vielfarbig lackiert, vergoldet und versilbert, die ich wohl schon in Grevenmachern mochte bewundert haben. Die größte Not entstand aber da, wo die den Markt füllende Menge in eine zwar gerade und wohl gebaute, doch verhältnismäßig viel zu enge Straße ihren Weg einschlagen sollte. Ich habe in meinem Leben nichts Ähnliches gesehen; vergleichen aber ließ sich der Anblick mit einem erst über Wiesen und Anger ausgetretenen Strom, der sich nun wieder durch enge Brückenbogen durchdrängen und im beschränkten Bett weiter fließen soll.

Die lange, aus unsern Fenstern übersehbare Straße hinab schwoll unaufhaltsam die seltsamste Woge; ein hoher zweisitziger Reisewagen ragte über der Flut empor. Er ließ uns an die schönen Französinnen denken; sie waren es aber nicht, sondern Graf Haugwitz, den ich mit einiger Schadenfreude Schritt vor Schritt dahinwackeln sah.

Zum 11. Oktober.

Ein gutes Essen war uns bereitet, die köstlichste Schöpsenkeule besonders willkommen; an gutem Wein und Brot fehlte es nicht, und so waren wir, neben dem größten Getümmel, in der schönsten Beruhigung: wie man auch wohl der stürmenden See, am Fuß eines Leuchtturms auf dem Steindamm sitzend, der wilden Wellenbewegung zusieht und dort und da ein Schiff ihrer Willkür preisgegeben. Aber uns erwartete in diesem gastlichen Haus eine wahrhaft herzergreifende Familienszene.

Der Sohn, ein schöner junger Mann, hatte schon einige Zeit, hingerissen von den allgemeinen Gesinnungen, in Paris unter den Nationaltruppen gedient und sich dort hervorgetan. Als nun aber die Preußen eingedrungen, die Emigrierten mit der stolzen Hoffnung eines gewissen Sieges herangelangt waren, verlangten die nun auch zuversichtlichen Eltern dringend und wieder dringend, der

Sohn solle seine dortige Lage, die er nunmehr verabscheuen müsse, eiligst aufgeben, zurückkehren und diesseits für die gute Sache fechten. Der Sohn, wider Willen, aus Pietät, kommt zurück, eben in dem Moment, da Preußen, Österreicher und Emigrierte retirieren; er eilt verzweiflungsvoll durch das Gedränge zu seinem Vaterhaus. Was soll er nun anfangen? Und wie sollen wir ihn empfangen? Freude, ihn wieder zu sehen, Schmerz ihn in dem Augenblick wieder zu verlieren, Verwirrung, ob Haus und Hof in diesem Sturm werde zu erhalten sein. Als junger Mann dem neuen Systeme günstig, kehrt er genötigt zu einer Partei zurück, die er verabscheut, und eben als er sich in diese Schicksal ergibt, sieht er diese Partei zugrunde gehen. Aus Paris entwichen, weiß er sich schon in das Sünden- und Todesregister geschrieben; und nun im Augenblick soll er aus seinem Vaterland verbannt, aus seines Vaters Haus gestoßen werden. Die Eltern, die sich gern an ihm letzen möchten, müssen ihn selbst wegtreiben, und er, in Schmerzenswonne des Wiedersehens, weiß nicht, wie er sich losreißen soll; die Umarmungen sind Vorwürfe, und das Scheiden, das vor unsern Augen geschieht, schrecklich.

Unmittelbar vor unserer Stubentüre ereignete sich das alles auf der Hausflur. Kaum war es still geworden und die Eltern hatten sich weinend entfernt, als eine Szene, fast noch wunderbarer, auffallender, uns selbst ansprach, ja in Verlegenheit setzte und, obgleich herzergreifend genug, uns doch zuletzt ein Lächeln abnötigte. Einige Bauersleute, Männer, Frauen und Kinder, drangen in unsere Zimmer und warfen sich heulend und schreiend mit zu Füßen. Mit der vollen Beredsamkeit des Schmerzes und des Jammers klagten sie, dass man ihr schönes Rindvieh wegtreibe, sie schienen Pächter eines ansehnlichen Gutes; ich solle nur zum Fenster hinaussehen: eben treibe man sie vorbei, es hätten Preußen sich derselben bemächtigt; ich solle befehlen, solle Hilfe schaffen. Hierauf trat ich, um mich zu besinnen, ans Fenster, der leichtfertige Husar stellte sich hinter mich und sagte: "Verzeihen Sie! Ich habe Sie für den Schwager des Königs von Preußen ausgegeben, um gute Aufnahme und Bewirtung zu finden. Die Bauern hätten freilich nicht hereinkommen sollen; aber mit einem guten Wort weisen Sie die Leute an mich und schein überzeugt von meinen Vorschlägen."

Was war zu tun? Überrascht und unwillig nahm ich mich zusammen und schien über die Umstände nachzudenken. Wird doch, sagt' ich zu mir selbst, List und Verschlagenheit im Krieg gerühmt! Wer sich durch Schelme bedienen lässt, kommt in Gefahr, von ihnen irregeführt zu werden. Ein Schakal, unnütz und beschämend, ist hier zu vermeiden. Und wie der Arzt in verzweifelten Fällen wohl noch ein Hoffnungsrezept verschreibt, entließ ich die guten Menschen mehr pantomimisch als mit Worten; dann sagt' ich mir zu meiner Beruhigung: Hatte doch bei Sivry der echte Thronfolger den bedrängten Leuten ihr Pferd nicht zusprechen können, so dürfte sich der untergeschobene Schwager des Königs wohl verzeihen, wenn er die Hilfsbedürftigen mit irgendeiner klugen, eingeflüsterten Wendung abzulehnen suchte.

Wir aber gelangten in finsterer Nacht nach Spincourt; alle Fenster waren hell, zum Zeichen, dass alle Zimmer besetzt seien. An jeder Haustüre ward protestiert von den Einwohnern, die keine neuen Gäste, von den Einquartierten, die keine Genossen aufnehmen wollten. Ohne viel Umstände aber drang unser Husar ins Haus, und als er einige französische Soldaten in der Halle am Feuer fand, ersuchte er sie zudringlich, vornehmen Herren, die er geleite, eine Platz am Kamin einzuräumen. Wir traten zugleich herein; sie warne freundlich und rückten zusammen, setzten sich aber bald wieder in die wunderliche Positur, ihre aufgehobenen Füße gegen das Feuer zu strecken. Sie liefen auch wohl einmal im Saal hin und wider und kehrten bald in ihre vorige Lage zurück, und nun konnt' ich bemerken, dass es ihr eigentliches Geschäft sei, den unteren Teil ihrer Gamaschen zu trocknen.

Gar bald aber erschienen sie mir als bekannt: es waren eben dieselbigen, die heute früh neben unserm Wagen im Schlamm so zierlich einher traten. Nun, früher als wir angelangt, hatten sie schon am Brunnen die untersten Teile gewaschen und gebürstet, trockneten sie nunmehr, um morgen früh neuem Schmutz und Unrat galant entgegenzugehen. Ein musterhaftes Betragen, an das man sich in manchen Fällen des Lebens wohl wieder zu erinnern hat! Auch dacht' ich dabei meiner lieben Kriegskameraden, die den Befehl zur Reinlichkeit murrend aufgenommen hatten.

Doch uns dergestalt untergebracht zu haben, war dem klugen, dienstfertigen Liseur nicht genug; die Fiktion des Mittags, die sich so glücklich erwiesen hatte, ward kühnlich wiederholt: die hohe Generalsperson, der Schwager des Königs, wirkte mächtig und vertrieb eine ganze Masse guter Emigrierten aus einem Zimmer mit zwei Betten. Zwei Offiziere von Köhler nahmen wir dagegen in demselben Raum auf, Ich aber begab mich vor die Haustüre zu dem alten erprobten Schlafwagen, dessen Deichsel, diesmal nach Deutschland gekehrt, mir ganz eigene Gedanken hervorrief, die jedoch durch ein schnelles Einschlummern gar bald abgeschnitten wurden.

Den 12. Oktober.

Der heutige Weg erschien noch trauriger als der gestrige: ermattete Pferde waren öfter gefallen und lagen mit umgestürzten Wagen häufiger neben der Hochstraße auf den Wiesen. Aus den geborstenen Decken der Rüstwagen fielen gar niedliche Mantelsäcke, einem Emigriertenkorps gehörig, hervor; das bunte, zierliche Ansehen dieses herrenlosen, aufgegebenen Gutes lockte die Besitzlust der Vorbeiwandernden, und mancher bepackte sich mit einer Last, die er zunächst auch wieder abwerfen sollte. Daraus mag denn wohl die Rede entstanden sein, auf dem Rückzug seien Emigrierte von Preußen geplündert worden.

Von ähnlichen Vorfällen erzählte man auch manches Scherzhafte. Ein schwer beladener Emigrantenwagen war ebenermaßen an einer Anhöhe stecken geblieben und verlassen worden. Nachfolgende Truppen untersuchen den Inhalt, finden Kästchen von mäßiger Größe, auffallend schwer, belästigen sich gemeinschaftlich damit und schleppen sie mit unsäglicher Mühe auf die nächste Höhe. Hier wollen sie nun in die Beute und in die Last sich teilen: aber welch ein Anblick! Aus jedem zerschlagenen Kasten fällt eine Unzahl Kartenspiele hervor, und die Goldlustigen trösten sich im wechselseitigen Spott durch Lachen und Possen.

Wir aber zogen durch Longuyon nach Longwy; und hier muss man, indem die Bilder bedeutender Freudenszenen aus dem Gedächtnis verschwinden, sich glücklich schätzen, dass auch widerwärtige Gräuelbilder sich vor der Einbildungskraft abstumpfen. Was soll ich also wiederholen, dass die Wege nicht besser wurden, dass man nach wie vor zwischen umgestürzten wagen abgedeckte und frisch ausgeschnittene Pferde aber- und abermals rechts und links verabscheute! Von Büschen schlecht bedeckte, geplünderte und ausgezogene Menschen konnte man oft genug bemerken, und endlich lagen auch die vor dem offenen Blick neben der Straße.

Uns sollte jedoch auf einem Seitenweg abermals Erquickung und
Erholung werden, dagegen aber auch traurige Betrachtungen über den
Zustand des wohlhabenden, gutmütigen Bürgers in schrecklichem,
diesmal ganz unerwartetem Kriegsunheil.

Den 13. Oktober.

Unser Führer wollte nicht freventlich seine braven, wohlhabenden Verwandten in dieser Gegend gerühmt haben; er ließ uns deshalb einen Umweg machen über Arlon, wo wir in einem schönen Städtchen, bei ansehnlichen und wackern Leuten, in einem wohl gebauten und gut eingerichteten Haus, von ihm angemeldet, gar freundlich aufgenommen wurden. Die guten Personen freuten sich selbst ihres Vetters, glaubten gewisse Besserung und nächste Beförderung schon in dem Auftrag zu sehen, dass er uns mit zwei Wagen, so viel Pferden und, wie er ihnen glauben gemacht hatte, mit vielem Geld und Kostbarkeiten aus dem gefährlichsten Gewirr herauszuführen beehrt worden. Auch wir konnten seiner bisherigen Leitung das beste Zeugnis geben, und ob wir gleich an die Bekehrung dieses verlorenen Sohnes nicht sonderlich glauben konnten, so waren wir ihm doch diesmal so viel schuldig geworden, dass wir auch seinem künftigen Betragen einiges Zutrauen nicht ganz verweigern durften. Der Schelm verfehlte nicht, mit schmeichelhaftem Wesen das Seinige zu tun, und erhielt wirklich in der Stille von den braven Leuten ein artiges Geschenk in Gold. Wir erquickten uns dagegen an gutem, kaltem Frühstück und dem trefflichsten Wein und beantworteten die Fragen der freilich auch sehr erstaunten, wackeren Leute wegen der wahrscheinlichen nächsten Zukunft so schonend als möglich.

Vor dem Haus hatten wir ein paar sonderbare Wagen bemerkt, länger und teilweise höher als gewöhnliche Rüstwagen, auch an der Seite mit wunderlichen Ansätzen geformt. Mit rege gewordener Neugier fragte ich nach diesem seltsamen Fuhrwerk; man antwortete mir zutraulich, aber mit Vorsicht: es sei darin die Assignatenfabrik der Emigrierten enthalten, und bemerkte dabei, was für ein grenzenloses Unglück dadurch über die Gegend gebracht worden. Denn da man sich seit einiger Zeit der echten Assignate kaum erwehren könne, so habe man nun auch, seit dem Einmarsch der Alliierten, diese falschen in Umlauf gezwungen. Aufmerksame Handelsleute hätten dagegen sogleich, ihrer Sicherheit willen, diese verdächtige Papierware nach Paris zu senden und sich von dorther offizielle Erklärung ihrer Falschheit zu verschaffen gewusst; dies verwirre aber Handel und Wandel ins Unendliche: denn da man bei den echten Assignaten sich nur zum Teil gefährdet finde, bei den falschen aber gewiss gleich um das Ganze betrogen sei, auch beim ersten Anblick niemand sie zu unterscheiden vermöge, so wisse kein Mensch mehr, was er geben und was er empfangen solle; dies verbreite schon bis Luxemburg und Trier solche Ungewissheit, Misstrauen und Bangigkeit, dass nunmehr von allen Seiten das Elend nicht größer werden könne.

Bei allen solchen erlittenen und noch zu fürchtenden Unbilden zeigen sich diese Personen in bürgerlicher Würde, Freundlichkeit und gutem Benehmen zu unserer

Verwunderung, wovon uns in den französischen ernsten Dramen alter und neuer Zeit ein Abglanz herüber gekommen ist. Von einem solchen Zustand können wir uns in eigener vaterländischer Wirklichkeit und ihrer Nachbildung keinen Begriff machen. Die petite ville mag lächerlich sein, die deutschen Kleinstädter sind dagegen absurd.

Den 14. Oktober.

Sehr angenehm überrascht fuhren wir von Arlon nach Luxemburg auf der besten Kunststraße und wurden in diese sonst so wichtige und wohlverwahrte Festung eingelassen wie in jedes Dorf, in jeden Flecken. Ohne irgend angehalten oder befragt zu werden, sahen wir uns nach und nach innerhalb der Außenwerke, der Wälle, Gräben, Zugbrücken, Mauern und Tore, unserm Führer, der Mutter und Vater hier zu finden vorgab, das weitere vertrauend. Überdrängt war die Stadt von Blessierten und Kranken, von tätigen Menschen, die sich selbst, Pferde und Fuhrwerk wieder herzustellen trachteten.

Unsere Gesellschaft, die sich bisher zusammengehalten hatte, musste sich trennen; mir verschaffte der gewandte Quartiermeister ein hübsches Zimmer, das aus dem engsten Höfchen, wie aus einer Feueresse, doch bei sehr hohen Fenstern genugsames Licht erhielt. Hier wusste er mich mit meinem Gepäck und sonst gar wohl einzurichten und für alle Bedürfnisse zu sorgen; er gab mir den Begriff von den Haus- und Mietleuten des Gebäudes und versicherte, dass ich gegen eine kleine Gabe so bald nicht ausgetrieben und wohl behandelt werden sollte.

Hier konnt' ich nun zum ersten Mal den Koffer wieder

aufschließen und mich meiner Reisehabseligkeiten, des Geldes, der Manuskripte wieder versichern. Das Konvolut zur Farbenlehre bracht' ich zuerst in Ordnung, immer meine früheste Maxime vor Augen: die Erfahrung zu erweitern und die Methode zu reinigen. Ein Kriegs- und Reisetagebuch mocht' ich gar nicht anrühren. Der unglückliche Verlauf der Unternehmung, der noch Schlimmeres befürchten ließ, gab immer neuen Anlass zum Wiederkäuen des Verdrusses und zu neuem Aufregen der Sorge. Meine stille, von jedem Geräusch abgeschlossene Wohnung gewährte mir wie eine Klosterzelle vollkommenen Raum zu den ruhigsten Betrachtungen, dagegen ich mich, sobald ich nur den Fuß vor die Haustüre hinaussetzte, in dem lebendigsten Kriegsgetümmel befand und nach Lust das wunderlichste Lokal durchwandeln konnte, das vielleicht in der Welt zu finden ist.

Den 15. Oktober.

Wer Luxemburg nicht gesehen hat, wird sich keine Vorstellung von diesem an- und übereinander gefügten Kriegsgebäude machen. Die Einbildungskraft verwirrt sich, wenn man die seltsame Mannigfaltigkeit wieder hervorrufen will, mit der sich das Auge des hin und her gehenden Wanderers kaum befreunden konnte. Plan und Grundriss vor sich zu nehmen wird nötig sein, nachstehendes nur einigermaßen verständlich zu finden.

Ein Bach, Petrus genannt, erst allein, dann, verbunden mit dem entgegenkommenden Fluss, die Elze, schlingt sich mäanderartig zwischen Felsen durch und um sie herum, bald im natürlichen Lauf, bald durch Kunst genötigt. Auf dem linken Ufer liegt hoch und flach die alte Stadt; sie, mit ihren Festungswerken nach dem offenen Lande zu, ist andern befestigten Städten ähnlich. Als man nun für die Sicherheit derselben nach Westen Sorge getragen, sah man wohl ein, dass man sich auch gegen die Tiefe, wo das Wasser fließt, zu verwahren habe; bei zunehmender Kriegskunst war auch das nicht hinreichend, man musste, auf dem rechten Ufer des Gewässers, nach Süden, Osten und Norden auf ein- und ausspringenden Winkeln unregelmäßiger Felspartien neue Schanzen vorschieben, nötig immer eine zur Beschützung der andern. Hieraus entstand nun eine Verkettung unübersehbarer Bastionen, Redouten, halber Monde und solches Zangen- und Krakelwerk, als nur die Verteidigungskunst im seltsamsten Fall zu leisten vermochte.

Nichts kann deshalb einen wunderlichern Anblick gewähren, als das mitten durch dies alles am Fluss sich hinab ziehende enge Tal, dessen wenige Flächen, dessen sanft oder steil aufsteigende Höhen zu Gärten angelegt, in Terrassen abgestuft und mit Lusthäusern belebt sind; von wo aus man auf die steilsten Felsen, auf hoch getürmte Mauern rechts und links hinaufschaut. Hier findet sich so viel Größe mit Anmut, so viel Ernst mit Lieblichkeit verbunden, dass wohl zu wünschen wäre, Poussin hätte sein herrliches Talent in solchen Räumen betätigt.

Nun besaßen die Eltern unseres lockeren Führers in dem Pfaffental einen artigen abhängigen Garten, dessen Genuss sie mir gern und freundlich überließen. Kirche und Kloster, nicht weit entfernt, rechtfertigte den Namen dieses Elysiums, und in dieser geistlichen Nachbarschaft schien auch den weltlichen Bewohnern Ruh' und Friede verheißen, ob sie gleich mit jedem Blick in die Höhe an Krieg, Gewalt und Verderben erinnert wurden.

Jetzt nun aber aus der Stadt, wo das unselige

Kriegsnachspiel mit Lazaretten, abgerissenen Soldaten, zerstückten Waffen, herzustellenden Achsen, Rädern und Lafetten, zugleich mit sonstigen Trümmern aller Art aufgeführt wurde, in eine solche Stille zu flüchten, war höchst wohltätig; aus den Straßen zu entweichen, wo Wagner, Schmiede und andere Gewerke ihr Wesen öffentlich unermüdet und geräuschvoll trieben, und sich in das Gärtchen im geistlichen Tal zu verbergen, war höchst behaglich. Hier fand ein Ruh- und Sammlungsbedürftiger das willkommenste Asyl.

Den 16. Oktober.

Die allen Begriff übersteigende Mannigfaltigkeit der auf- und aneinander getürmten, gefügten Kriegsgebäude, die bei jedem Schritt vor- oder rückwärts, auf- oder abwärts ein anderes Bild zeigten, riefen die Lust hervor, wenigstens etwas davon aufs Papier zu bringen. Freilich musste diese Neigung auch wieder einmal sich regen, da seit so viel Wochen mir kaum ein Gegenstand vor die Augen gekommen, der sie geweckt hätte. Unter andern fiel es sonderbar auf, dass so manche gegeneinander über stehende Felsen, Mauern und Verteidigungswerke in der Höhe durch Zugbrücken, Galerien und gewisse wunderliche Vorrichtungen verbunden waren. Irgendjemand vom Metier hätte dieses alles mit Kunstaugen angesehen und sich mit Soldatenblick der sichern Einrichtung erfreut; ich aber konnte nur den malerischen Effekt ihr abgewinnen und hätte gar zu gern, wäre nicht alles Zeichnen an und in den Festungen höchlich verpönt, meine Nachbildungskräfte hier in Übung gesetzt.

Den 19. Oktober.

Nachdem ich nun also mehrere Tage in diesen Labyrinthen, wo Naturfels und Kriegsgebäu wetteifernd seltsam steile Schluchten gegeneinander aufgetürmt und daneben Pflanzenwachstum, Baumzucht und Luftgebüsch nicht ausgeschlossen, mich sinnend und denkend einsam genug herum gewunden hatte. Fing ich an, nach Hause kommend, die Bilder, wie sie sich der Einbildungskraft nach und nach einprägten, aufs Papier zu bringen, unvollkommen zwar, doch hinreichend, das Andenken eines höchst seltsamen Zustandes einigermaßen festzuhalten.

Den 20. Oktober.

Ich hatte Zeit gewonnen, das kurz Vergangene zu überdenken, aber je mehr man dachte, je verworrener und unsicherer ward alles vor dem Blick. Auch sah ich, dass wohl das Notwendigste sein möchte, sich auf das unmittelbar Bevorstehende zu bereiten. Die wenigen Meilen bis Trier mussten zurückgelegt werden; aber was mochte dort zu finden sein, da nun die Herren selbst mit andern Flüchtlingen sich nachdrängten!

Als das Schmerzlichste jedoch, was einen jeden, mehr oder weniger resigniert wie er war, mit einer Art von Furienwut ergriff, empfand man die Kunde, die sich nicht verbergen ließ, dass unsere höchsten Heerführer mit den vermaledeiten, durch das Manifest dem Untergang gewidmeten, durch die schrecklichsten Taten abscheulich dargestellten Aufrührern doch übereinkommen, ihnen die Festungen übergeben mussten, um nur sich und den Ihrigen eine mögliche Rückkehr zu gewinnen. Ich habe von den Unsrigen gesehen, für welche der Wahnsinn zu fürchten war.

Den 22. Oktober.

Auf dem Weg nach Trier fand sich bei Grevenmachern nichts mehr von jener galanten Wagenburg; öde, wüst und zerfahren lagen die Anger, und die weit und breiten Spuren deuteten auf jenes vorübergegangene flüchtige Dasein. Am Posthaus fuhr ich diesmal mit requirierten Pferden ganz im stillen vorbei, das Briefkästchen stand noch auf seinem Platz, kein Gedränge war umher, man konnte sich der wunderlichsten Gedanken nicht erwehren.

Doch ein herrlicher Sonnenblick belebte soeben die Gegend, als mir das Monument von Igel, wie der Leuchtturm einem nächtlich Schiffenden, entgegenglänzte.

Vielleicht war die Macht des Altertums nie so gefühlt worden als an diesem Kontrast: ein Monument, zwar auch kriegerischer Zeiten, aber doch glücklicher, siegreicher Tage und eines dauernden Wohlbefindens rühriger Menschen in dieser Gegend.

Obgleich in später Zeit, unter den Antoninen, erbaut, behält es immer noch von trefflicher Kunst so viel Eigenschaften übrig, dass es uns im ganzen anmutig-ernst zuspricht und aus seinen, obgleich sehr beschädigten Teilen das Gefühl eines fröhlich-tätigen Daseins mitteilt. Es hielt mich lange fest; ich notierte manches, ungern scheidend, da ich mich nur desto unbehaglicher in meinem erbärmlichen Zustand fühlte.

Doch auch jetzt wechselte schnell wieder eine freudige Aussicht in der Seele, die blad darauf zur Wirklichkeit gelangte.

Den 23. Oktober.

Wir brachten unserm Freunde, Leutnant von Fritsch, den wir auf seinem Posten widerwillig zurückgelassen, die erwünschte Nachricht, dass er den Militär-Verdienstorden erhalten habe, mit Recht, wegen einer braven Tat, und mit Glück, ohne an unserm Jammer teilgenommen zu haben. Die Sache verhielt sich aber also.

Die Franzosen, weil sie uns weit genug ins Land vorgedrungen, uns in bedeutender Entfernung, in großer Not wussten, versuchten im Rücken einen unvermuteten Streich. Sie näherten sich Trier in bedeutender Anzahl, sogar mit Kanonen. Leutnant von Fritsch erfährt es, und mit weniger Mannschaft geht er dem Feind entgegen, der, über die Wachsamkeit stutzend, mehr anrückende Truppen befürchtend, nach kurzem Gefecht sich bis Merzig zurückzieht und nicht wieder erscheint. Dem Freund war das Pferd blessiert, durch dieselbe Kugel sein Stiefel gestreift, dagegen er aber auch, als Sieger zurückkehrend, aufs beste empfangen wird. Der Magistrat, die Bürgerschaft erzeigen ihm alle mögliche Aufmerksamkeit; auch die Frauenzimmer, die ihn bisher als einen hübschen jungen Mann gekannt, erfreuen sich nun doppelt an ihm als einem Helden.

Sogleich berichtet er seinem Chef den Vorfall, der, wie billig, dem König vorgetragen wird, worauf denn der blaue Kreuzstern erfolgt. Die Glückseligkeit des braven Jünglings, dessen lebhafteste Freude mitzufühlen, war ein ungemeiner Genuss; ihn hatte das Glück, das uns vermied, in unserm Rücken aufgesucht, und er sah sich für den militärischen gehorsam belohnt, der ihn an einer untätigen Lage zu fesseln schien.

Den 24. Oktober.

Der Freund hatte mir bei jenem Kanonikus abermals Quartier verschafft. Auch ich war von der allgemeinen Krankheit nicht ganz frei geblieben und bedurfte daher einiger Arznei und Schonung.

In diesen ruhigen Stunden nahm ich sogleich die kurzen Bemerkungen vor, die ich bei dem Monument zu Igel aufgezeichnet hatte.

Soll man den allgemeinsten Eindruck aussprechen, so ist hier Leben dem Tod, Gegenwart der Zukunft entgegengestellt und beide untereinander im ästhetischen Sinn aufgehoben. Dies war die herrliche Art und Weise der Alten, die sich noch lange genug in der Kunstwelt erhielt.

Die Höhe des Monuments kann 70 Fuß betragen, es steigt in mehreren architektonischen Abteilungen obeliskenartig hinauf: erst der Grund, auf diesem ein Sockel, sodann die Hauptmasse, darüber eine Attike, sodann ein Fronton und zuletzt eine wundersam sich aufschlingende Spitze, wo sich die Reste einer Kugel und eines Adlers zeigen. Jede dieser Abteilungen ist mit den Gliedern, aus denen sie besteht, durchaus mit Bildern und Zierraten geschmückt.

Diese Eigenschaft deutet denn freilich auf spätere Zeiten: denn dergleichen tritt ein, sobald sich die reine Proportion im Ganzen verliert, wie denn auch hier daran manches zu erinnern sein möchte.

Dessen ungeachtet muss man anerkennen, das dieses Werk auf eine erst kurz vergangene, höhere Kunst gegründet ist.

So waltet denn auch über das Ganze der antike Sinn, in dem das wirkliche Leben dargestellt wird, allegorisch gewürzt durch mythologische Andeutungen. In dem Hauptfeld Mann und Frau von kolossaler Bildung, sich die Hände reichend, durch eine dritte, verloschene Figur, als einer Segnenden, verbunden. Sie stehen zwischen zwei sehr verzierten, mit übereinander gestellten tanzenden Kindern geschmückten Pilastern.

Alle Flächen sodann deuten auf die glücklichsten Familienverhältnisse, überein denkende und -wirkende Verwandte, redliches, genussreiches Zusammenleben darstellend.

Aber eigentlich waltet überall die Tätigkeit vor; ich getraue mir jedoch nicht alles zu erklären. In einem Feld scheinen sich Geschäft-überlegende Handelsleute versammelt zu haben; offenbar aber sind beladene schiffe, Delphine als Verzierung, Transport auf Saumrossen, Ankunft von waren und deren Beschauen, und was sonst noch Menschliches und Natürliches mehr vorkommen dürfte.

Sodann aber auch im Zodiak ein rennendes Pferd, das vielleicht vormals Wagen und Lenker hinter sich zog, in Friesen, sodann sonstigen Räumen und Giebelfeldern Bacchus, Faunen, Sol und Luna, und was sonst noch Wunderbares Knopf und Gipfel verzieren und verziert haben mag.

Das Ganze ist höchst erfreulich, und man könnte, auf der Stufe, wo heutzutage Bau- und Bildkunst stehen, in diesem Sinn ein herrliches Denkmal den würdigsten Menschen, ihren Lebensgenüssen und Verdiensten gar wohl errichten. Und so war es mir denn recht erwünscht, mit solchen Betrachtungen beschäftigt, den Geburtstag unserer verehrten Herzogin Amalie im Stillen zu feiern, ihr Leben, ihr edles Wirken und wohl Tun umständlich zurückzurufen; woraus sich denn ganz natürlich die Aufregung ergab, ihr in Gedanken einen gleichen Obelisk zu widmen und die sämtlichen Räume mit ihren individuellen Schicksalen und Tugenden charakteristisch zu verzieren.

Trier, den 25. Oktober.

Die mir nunmehr gegönnte Ruh' und Bequemlichkeit benutzte ich nun, ferner manches zu ordnen und aufzubewahren, was ich in den wildesten Zeiten bearbeitet hatte. Ich rekapitulierte und redigierte meine chromatischen Akten, zeichnete mehrere Figuren zu den Farbentafeln, die ich oft genug veränderte, um das, was ich darstellen und behaupten wollte, immer anschaulicher zu machen. Hierauf dacht' ich denn auch, meinen dritten Teil von Fischers physikalischem Lexikon wieder zu erlangen. Auf Erkundigung und Nachforschen fand ich endlich die Küchenmagd im Lazarett, das man mit ziemlicher Sorgfalt in einem Kloster errichtet hatte. Sie litt an der allgemeinen Krankheit, doch waren die Räume luftig und reinlich; sie erkannte mich, konnte aber nicht reden, nahm den Band unter dem Haupt hervor und übergab mir ihn so reinlich und wohl erhalten, als ich ihn überliefert hatte, und ich hoffe, die Sorgfalt, der ich sie empfahl, wird ihr zugute gekommen sein.

Ein junger Schullehrer, der mich besuchte und mir verschiedene der neuesten Journale mitteilte, gab Gelegenheit zu erfreulichen Unterhaltungen. Er verwunderte sich, wie so viel andere, dass ich von Poesie nichts wissen wolle, dagegen auf Naturbetrachtungen mich mit ganzer Kraft zu werfen schien. Er war in der Kantischen Philosophie unterrichtet, und ich konnte ihm daher auf den Weg deuten, den ich eingeschlagen hatte. Wenn Kant in seiner "Kritik der Urteilskraft" der ästhetischen Urteilskraft die teleologische zur Seite stellt, so ergibt sich daraus, dass er andeuten wolle: ein Kunstwerk solle wie ein Naturwerk, ein Naturwerk wie ein Kunstwerk behandelt und der Wert eines jeden aus sich selbst entwickelt, an sich selbst betrachtet werden. Über solche Dinge konnte ich sehr beredet sein und glaube, dem guten jungen Mann einigermaßen genutzt zu haben. Es ist wundersam, wie eine jede Zeit Wahrheit und Irrtum aus dem kurz Vergangenen, ja dem längst Vergangenen mit sich trägt und schleppt, muntere Geister jedoch sich auf neuer Bahn bewegen, wo sie sich's denn freilich gefallen lassen, meist allein zu gehen oder einen Gesellen auf eine kurze Strecke mit sich fortzuziehen.

Tier, den 26. Oktober.

Nun durfte man aber aus solchen ruhigen Umgebungen nicht heraustreten, ohne sich wie im Mittelalter zu finden, wo Klostermauern und der tollste unregelmäßigste Kriegszustand miteinander immerfort kontrastierten. Besonders jammerten einheimische Bürger sowie zurückkehrende Emigrierte über das schreckliche Unheil, was durch die falschen Assignaten über Stadt und Land gekommen war. Schon hatten Handelshäuser gewusst, dergleichen nach Paris zu bringen, und von dort die Falschheit, völlige Ungültigkeit, die höchste Gefahr vernommen, sich mit dergleichen nur irgend abzugeben. Dass die echten gleichfalls dadurch in Misskredit gerieten, dass man bei völliger Umkehrung der Dinge auch wohl die Vernichtung aller dieser Papiere zu fürchten habe, fiel jedermann auf. Dieses ungeheure Übel nun gesellte sich zu den übrigen, so dass es vor der Einbildungskraft und dem Gefühl ganz grenzenlos erschien: ein verzweiflungsvoller Zustand, demjenigen ähnlich, wenn man eine Stadt vor sich niederbrennen sieht.

Trier, den 28. Oktober.

Die Wirtstafel, an der man übrigens ganz wohl versorgt war, gab auch ein Sinne verwirrendes Schauspiel: Militärs und Angestellte, allerart Uniform, Farben und Trachten, im stillen missmutig, auch wohl in Äußerungen heftig, aber alle wie in einer gemeinsamen Hölle zusammengefasst.

Daselbst begegnete mir ein wahrhaft rührendes Ereignis. Ein alter Husarenoffizier, mittlerer Größe, grauen Bartes und Haares und funkelnden Auges, kam nach Tisch auf mich zu, ergriff mich bei der Hand und fragte: ob ich denn das alles auch mit ausgestanden habe? Ich konnte ihm einiges von Valmy und Hans erzählen, woraus er sich denn gar wohl das übrige nachbilden konnte. Hierauf fing er mit Enthusiasmus und warmem Anteil zu sprechen an, Worte, die ich nachzuschreiben kaum wage, des Inhalts: es sei schon unverantwortlich, dass man sie, deren Metier und Schuldigkeit es bleibe, dergleichen Zustände zu erdulden und ihr Leben dabei zuzusetzen, in solche Not geführt, die vielleicht kaum jemals erhört worden; dass aber auch ich — er drückte seine gute Meinung über meine Persönlichkeit und meine Arbeiten aus — das hätte mit erdulden sollen, darüber wollt' er sich nicht zufrieden geben. Ich stellte ihm die Sache von der heiteren Seite vor, von der Seite, mit meinem Fürsten, dem ich nicht ganz unnütz gewesen, mit so vielen wackren Kriegsmännern, zu eigner Prüfung diese wenigen Wochen her geduldet zu haben; allein er blieb bei seiner Rede, indessen ein Zivilist zu uns trat und dagegen erwiderte: man sei mir Dank schuldig, dass ich das alles mit ansehen wollen, indem man sich nun gar wohl von meiner geschickten Feder Darstellung und Aufklärung erwarten könne. Der alte Degen wollte davon auch nichts wissen und rief: "Glaubt es nicht, er ist viel zu klug! Was er schreiben dürfte, mag er nicht schreiben, und was er schreiben möchte, wird er nicht schreiben."

Übrigens mochte man kaum hie und da hinhorchen, der Verdruss war grenzenlos. Und wie es schon eine verdrießliche Empfindung erregt, wenn glückliche Menschen nicht ablassen, uns ihr Behagen vorzurechnen, so ist es noch viel unausstehlicher, wenn uns ein Unheil, das wir selbst aus dem Sinn schlagen möchten, immer wiederkäuend vorgetragen wird. Von den Franzosen, die man hasste, aus dem Land gedrängt zu sein, genötigt, mit ihnen zu unterhandeln, mit den Männern des 10. Augusts sich zu befreunden, das alles war für Geist und Gemüt so hart, als bisher die körperliche Duldung gewesen. Man schonte der obersten Leitung nicht, und das Vertrauen, das man dem berühmten Feldherrn so lange Jahre gegönnt hatte, schien für immer verloren.

Trier, den 29. Oktober.

Als man sich nun auf deutschem Grund und Boden wieder fand und aus der ungeheuersten Verwirrung zu entwickeln hoffen durfte, traf uns die Nachricht von Custinens verwegenen und glücklichen Unternehmungen. Das große Magazin zu Speyer war in seine Hände geraten, er hatte darauf gewusst, eine Übergabe von Mainz zu bewirken. Diese Schritte schienen die grenzenlosesten Übel nach sich zu ziehen, sie deuteten auf einen außerordentlichen, so kühnen als folgerechten Geist, und da musste denn schon alles verloren sein. Nichts fand man wahrscheinlicher und natürlicher, als dass auch schon Koblenz von den Franken besetzt sei — und wie sollten wir unsern Rückweg antreten! Frankfurt gab man in Gedanken gleichfalls auf; Hanau und Aschaffenburg an einer, Kassel an der anderen Seite sah man bedroht, und was nicht alles zu fürchten! Vom unseligen Neutralitätssystem die nächsten Fürsten paralysiert, desto lebendig-tätiger die von revolutionären Gesinnungen ergriffene Masse. Sollte man, wie Mainz bearbeitet worden, nicht auch die Gegend und die nächst anstoßenden Provinzen zu Gesinnungen vorbereiten und die schon entwickelten schleunig benutzen? Das alles musste zum Bedanken, zur Sprache kommen.

Öfters hört' ich wiederholen: sollten die Franzosen wohl ohne große Überlegung und Umsicht, ohne starke Heeresmacht solche bedeutende Schritte getan haben? Custinens Handlungen schienen so kühn als vorsichtig; man dachte sich ihn, seine Gehilfen, seine Obern als weise, kräftige, konsequente Männer. Die Not war groß und Sinne verwirrend, unter allen bisher erduldeten Leiden und

Sorgen ohne Frage die größte.

Mitten in diesem Unheil und Tumult fand mich ein verspäteter Brief meiner Mutter, ein Blatt, das an jugendlich-ruhige, städtisch-häusliche Verhältnisse gar wundersam erinnerte. Mein Oheim, Schöff Textor, war gestorben, dessen nahe Verwandtschaft mich von der ehrenhaft wirksamen Stelle eines Frankfurter Ratsherrn bei seinen Lebzeiten ausschloss, worauf man, herkömmlich löblicher Sitte gemäß, meiner sogleich gedachte, der ich unter den Frankfurter Graduierten ziemlich weit vorgerückt war.

Meine Mutter hatte den Auftrag erhalten, bei mir anzufragen: ob ich die Stelle eines Ratsherrn annehmen würde, wenn mir, unter die Losenden gewählt, die goldene Kugel zufiele? Vielleicht konnte eine solche Anfrage in keinem seltsamern Augenblick anlangen als in dem gegenwärtigen; ich war betroffen, in mich selbst zurückgewiesen, tausend Bilder stiegen mir auf und ließen mich nicht zu Gedanken kommen. Wie aber ein Kranker oder Gefangener sich wohl im Augenblick an einem erzählten Märchen zerstreut, so wahr auch ich in andere Sphären und Jahre versetzt.

Ich befand mich in meines Großvaters Garten, wo die reich mit Pfirsichen gesegneten Spaliere des Enkels Appetit gar lüstern ansprachen und nur die angedrohte Verweisung aus diesem Paradies, nur die Hoffnung, die reifste, rotbäckigste Frucht aus des wohltätigen Ahnherrn eigner Hand zu erhalten, solche Begierde bis zum endlichen Termin einigermaßen beschwichtigen konnte.

Sodann erblickt' ich den ehrwürdigen Altvater um seine Rosen beschäftigt, wie er gegen die Dornen mit altertümlichen Handschuhen, als Tribut überreicht von Zoll befreiten Städten, sich vorsichtig verwahrte, dem edlen

Laertes gleich, nur nicht wie dieser sehnsüchtig und kummervoll. Dann erblickt' ich ihn im Ornat als Schultheiß, mit der goldnen Kette, auf dem Thronsessel unter des Kaisers Bildnis; sodann leider im halben Bewusstsein einige Jahre auf dem Krankenstuhl und endlich im Sarg.

Bei meiner letzten Durchreise durch Frankfurt hatte ich meinen Oheim im Besitz des Hauses, Hofes und Gartens gefunden, der als wackrer Sohn, dem Vater gleich, die höheren Stufen freistädtischer Verfassung erstieg. Hier, im traulichen Familienkreis, in dem unveränderten, alt bekannten Lokal riefen sich jene Knabenerinnerungen lebhaft hervor und traten mir nun neukräftig vor die Augen.

Sodann gesellten sich zu ihnen andere jugendliche Vorstellungen, die ich nicht verschweigen darf. Welcher reichstädtische Bürger wird leugnen, dass er, früher oder später, den Ratsherrn, Schöff und Bürgermeister im Auge gehabt und, seinem Talent gemäß, nach diesen, vielleicht auch nach minderen Stellen emsig und vorsichtig gestrebt: denn der süße Gedanke, an irgendeinem Regiment teilzunehmen, erwacht gar bald in der Brust eines jeden Republikaners, lebhafter und stolzer schon in der Seele des Knaben.

Diesen freundlichen Kinderträumen konnt' ich mich jedoch nicht lange hingeben; nur allzu schnell aufgeschreckt, besah ich mir die ahnungsvolle Lokalität, die mich umfasste, die traurigen Umgebungen, die mich beengten, und zugleich die Aussicht nach der Vaterstadt getrübt, ja verfinstert. Mainz in französischen Händen, Frankfurt bedroht, wo nicht schon eingenommen, der Weg dorthin versperrt und innerhalb jener Mauern, Straßen, Plätze, Wohnungen, Jugendfreunde, Blutverwandte vielleicht schon von demselben Unglück ergriffen, daran ich Longwy und

Verdun so grausam hatte leiden sehen — wer hätte gewagt, sich in solchen Zustand zu stürzen!

Aber auch in der glücklichsten Zeit jenes ehrwürdigen Staatskörpers wäre mir nicht möglich gewesen, auf diesen Antrag einzugehen; die Gründe waren nicht schwer auszusprechen. Seit zwölf Jahren genoss ich eines seltenen Glückes, des Vertrauens wie der Nachsicht des Herzogs von Weimar. Dieser von der Natur höchst begünstigte, glücklich ausgebildete Fürst ließ sich meine wohlgemeinten, oft unzulänglichen Dienste gefallen und gab mir Gelegenheit, mich zu entwickeln, welches unter keiner andern vaterländischen Bedingung möglich gewesen wäre; meine Dankbarkeit war ohne Grenzen, so wie die Anhänglichkeit an die hohen Frauen Gemahlin und Mutter, an die heranwachsende Familie, an ein Land, dem ich doch auch manches geleistet hatte. Und musste ich nicht zugleich jenes Zirkels neu erworbener höchst gebildeter Freunde gedenken, auch so manches andern häuslich Lieben und Guten, was sich aus meinen treu beharrlichen Zuständen entwickelt hatte! Diese bei solcher Gelegenheit abermals erregten Bilder und Gefühle erheiterten mich auf einmal in dem betrübtesten Augenblick: denn man ist schon halb gerettet, wenn man aus traurigster Lage im fremden Land einen hoffnungsvollen Blick in die gesicherte Heimat zu tun aufgeregt wird; so genießen wir diesseits auf Erden, was uns jenseits der Sphären zugesagt ist.

In solchem Sinn begann ich den Brief an meine Mutter, und wenn sich diese Beweggründe zunächst auf mein Gefühl, auf persönliches Behagen, individuellen Vorteil zu beziehen schienen, so hatt' ich noch andere hinzuzufügen, die auch das Wohl meiner Vaterstadt berücksichtigten und meine dortigen Gönner überzeugen konnten. Denn wie sollt' ich mich in dem ganz eigentümlichen Kreis tätig wirksam erzeigen, wozu man vielleicht mehr als zu jedem andern treulich herangebildet sein muss? Ich hatte mich seit so viel Jahren zu Geschäften, meinen Fähigkeiten angemessen, gewöhnt, und zwar solchen, die zu städtischen Bedürfnissen und Zwecken kaum verlangt werden möchten. Ja, ich durfte hinzufügen, dass, wenn eigentlich nur Bürger in den rat aufgenommen werden sollten, ich nunmehr jenem Zustand so entfremdet sei, um mich völlig als einen Auswärtigen zu betrachten.

Dieses alles gab ich meiner Mutter dankbar zu erkennen, welche sich auch wohl nichts anderes erwartete. Freilich mag dieser Brief spät genug zu ihr gelangt sein.

Trier, den 29. Oktober.

Mein junger Freund, mit dem ich gar manche angenehme wissenschaftliche und literarische Unterhaltung genoss, war auch im Geschichtlichen der Stadt und Umgebung gar wohl erfahren. Unsere Spaziergänge bei leidlichem Wetter waren deshalb immer belehrend, und ich konnte mir das Allgemeinste merken.

Die Stadt an sich hat einen auffallenden Charakter: sie behauptet, mehr geistliche Gebäude zu besitzen als irgendeine andere von gleichem Umfang, und möchte ihr dieser Ruhm wohl kaum zu leugnen sein; denn sie ist innerhalb der Mauern von Kirchen, Kapellen, Klöstern, Konventen, Kollegien, Ritter- und Brüdergebäuden belastet, ja erdrückt, außerhalb von Abteien, Stiftern, Kartausen blockiert, ja belagert. Dieses zeugt denn von einem weiten geistlichen Wirkungskreis, welchen der Erzbischof sonst von hier aus beherrschte; denn seine Diözes war auf Metz, Toul und Verdun ausgedehnt. Auch dem weltlichen

Regiment fehlt es nicht an schönen Besitztümern, wie denn der Kurfürst von Trier auf beiden Seiten der Mosel ein herrliches Land beherrscht; und so fehlt es auch Trier nicht an Palästen, welche beweisen, dass zu verschiedener Zeit von hier aus die Herrschaft sich weit und breit erstreckte.

Der Ursprung der Stadt verliert sich in die Fabelzeit; das erfreuliche Lokal mag früh genug Anbauende hierher gelockt haben. Die Trevirer waren ins Römische Reich eingeschlossen, erst Heiden, dann Christen, von Normannen und von Franken überwältigt, und zuletzt ward das schöne Land dem Römisch-Deutschen Reiche einverleibt.

Ich wünschte wohl, die Stadt in guter Jahreszeit, an friedlichen Tagen zu sehen, ihre Bürger näher kennen zu lernen, welche von jeher den Ruf haben, freundlich und fröhlich zu sein. Von erster Eigenschaft finden sich in diesem Augenblick wohl noch Spuren, von der zweiten kaum; und wie sollte Fröhlichkeit sich in einem so widerwärtigen Zustand erhalten!

Freilich, wer in die Annalen der Stadt zurücksieht, findet wiederholte Nachricht von Kriegsunheil, das diese Gegend betroffen, da das Moseltal, ja der Fluss selbst dergleichen Züge begünstigt. Attila sogar aus dem fernsten Osten hatte mit seinem unzählbaren Heere Vor- und Rückzug, wie wir, durch diese Flussregion genommen. Was erduldeten die Einwohner nicht im Dreißigjährigen Kriege, bis zu Ende des siebzehnten Jahrhunderts, indem sich der Fürst an Frankreich, als den nachbarlichsten Alliierten, angeschlossen hatte und darüber in langwierige österreichische Gefangenschaft geriet. Auch an inneren Kriegen erkrankte die Stadt mehr als einmal, wie es überall in bischöflichen Städten sich ereignen musste, wo der Bürger mit geistlich-weltlicher Obergewalt sich nicht immer vertragen konnte.

Mein Führer, indem er mich geschichtlich unterrichtete, machte mich auf Gebäude der verschiedensten Zeit aufmerksam, wovon das meiste kurios und daher wohl merkwürdig schien, weniges aber dem Geschmacksurteil erfreulich zusagte, wie vorher an dem Monumente zu Igel gerühmt werden konnte.

Die Reste des römischen Amphitheaters fand ich respektabel; da aber das Gebäude über sich selbst zusammengestürzt und wahrscheinlich mehrere Jahrhunderte als Steinbruch behandelt war, ließ sich nichts entziffern. Bewundernswert jedoch war noch immer, wie die Alten, ihrer Weisheit gemäß, große Zwecke mit mäßigen Mitteln hervorzubringen suchten und die Naturgelegenheit eines Tals zwischen zwei Hügeln zu nutzen gewusst, wo die Gestalt des Bodens an Exkavation und Substruktion dem Baumeister vieles glücklich ersparte. Wenn man nun von den ersten Höhen des Martisberges, wo diese Ruine gelegen, etwas weiter aufsteigt, so sieht man über alle Reliquien der Heiligen, über Dom, Dächer und Schirme nach dem Apolloberg hinüber, und so behaupten beide Götter, den Merkur zur Seite, ihres Namens Gedächtnis: die Bilder waren zu beseitigen, der Genius nicht.

Zu Betrachtung der Baukunst früherer Mittelzeit bietet Trier merkwürdige Monumente: ich habe von solchen Dingen wenige Kenntnis, und sie sprechen nicht zum gebildeten Sinn. Mich wollte der Anblick bei einiger Teilnahme verwirren; manches davon ist verschüttet, zerstückt, zu anderem Gebrauch gewidmet.

Über die große Brücke, auch noch im Altertum gegründet, führte man mich im heitersten Moment, hier nun sieht man deutlich, wie die Stadt auf einer mit ausspringendem Winkel nach dem Fluss zudrängenden Fläche, welche denselben gegen das linke Ufer hinweist, erbaut ist.

Nun überschaut man vom Fuß des Apolloberges Fluss, Brücke, Mühlen, Stadt und Gegend, da sich denn die noch nicht ganz entlaubten Weinberg, sowohl zu unsern Füßen als auf den ersten Höhen des Martisberges gegenüber, gar freundlich ausnahmen, anschaulich machten, in welcher gesegneten Gegend man sich befinde, und ein Gefühl von Wohlfahrt und Behagen erweckten, welches über den Weinländern in der Luft zu schweben scheint. Die besten Sorten Moselwein, die uns nun zuteil wurden, schienen nach diesem Überblick einen angenehmern Geschmack zu haben.

Trier, den 29. Oktober.

Unser fürstlicher Heerführer kam an und nahm Quartier im Kloster St. Maximin. Diese reichen und sonst überglücklichen Menschen hatten denn freilich schon eine gute Zeit her große Unruhe erduldet: die Brüder des Königs waren dort einquartiert gewesen, und nachher war es nicht wieder leer geworden. Eine solche Anstalt, aus Ruh' und Frieden entsprungen, auf Ruh' und Friede berechnet, nahm sich freilich unter diesen Umständen wunderlich aus, da, man mochte noch so schonend verfahren, ein gewaltiger Gegensatz des Ritter- und Mönchtums sich hervortat. Der

Herzog wusste jedoch hier wie überall, selbst als ungebetener Gast, durch Freigebigkeit und freundliches Betragen sich und die Seinigen angenehm zu machen.

Mich aber sollte auch hier der böse Kriegsdämon wieder verfolgen. Unser guter Obrist von Gotsch war gleichfalls im Kloster einquartiert; ich fand ihn zur Nacht seinen Sohn bewachend und besorgend, welcher an der unglücklichen Krankheit gleichfalls hart daniederlag. Hier musst' ich nun wieder die Litanei und Verwünschung unseres Feldzugs aus dem Mund eines alten Soldaten und Vaters vernehmen, der die sämtlichen Fehler mit Leidenschaft zu rügen berechtigt war, die er als Soldat einsah und als Vater verfluchte. Auch die Isletten kamen wieder zur Sprache, und es musste wirklich ein jeder, der sich diesen unseligen Punkt deutlich machte, durchaus verzweifeln.

Ich erfreute mich der Gelegenheit, die Abtei zu sehen, und fand ein weitläufiges, wahrhaft fürstliches Gebäude; die Zimmer von bedeutender Größe und Höhe, und die Fußboden getäfelt, Samt und damastne Tapeten, Stuckatur, Vergoldung und Schnitzwerk nicht gespart, und was man sonst in solchen Palästen zu sehen gewohnt ist, alles doppelt und dreifach in großen Spiegeln wiederholt.

Auch ward den einquartierten Personen ganz wohl dahier; die Pferde jedoch konnten nicht sämtlich untergebracht werden, sie mussten unter freiem Himmel aushalten, ohne Lagerstätte, Raufen und Tröge. Unglücklicherweise waren die Futtersäcke gefault, und so musste der Hafer von der Erde aufgeschnopert werden.

Wenn aber die Stallungen unbedeutend waren, so fand man die Keller desto geräumiger. Noch über die eigenen Weinberge genoss das Kloster die Einnahme von vielen Zehnten. Freilich mochte in den letzten Monaten gar manches Stückfass geleert worden sein, es lagen deren viele auf dem Hof.

Den 30. Oktober

gab unser Fürst große Tafel: drei der vornehmsten geistlichen Herren waren eingeladen, sie hatten köstliches Tischzeug, sehr schönes Porzellanservice hergegeben; von Silber war wenig zu sehen, Schätze und Kostbarkeiten lagen in Ehrenbreitstein. Die Speisen von den fürstlichen Köchen schmackhaft zubereitet; Wein, der uns früher hatte nach Frankreich folgen sollen, von Luxemburg zurückkehrend, ward hier genossen; was aber am meisten Lob und Preis verdiente, war das kostbarste weiße Brot, das an den Gegensatz des Kommissbrots bei Hans erinnerte.

Ich hatte mich, als ich nach Trierscher Geschichte in diesen Tagen forschte, notwendig auch um die Abtei St. Maximin bekümmern müssen; ich konnte daher mit meinem geistlichen Nachbar ein ganz auslangendes, geschichtliches Gespräch führen. Das hohe Alter des Stifts ward vorausgesetzt; dann gedachte man seiner mannigfaltig wechselnden Schicksale, der nahen Lage des Stifts and er Stadt, beiden Teilen gleich gefährlich; wie es denn im Jahr 1674 niedergebrannt und völlig verwüstet wurde. Von dem Wiederaufbau und der allmählichen Herstellung in den gegenwärtigen Zustand ließ ich mich auch unterrichten. Dazu konnte man viel Gutes sagen und die Anstalten preisen, welches der geistliche Herr auch gern vernahm; von den letzten Zeiten aber wollte er nichts Rühmliches wissen: die französischen Prinzen waren da lange im Quartier gelegen, und man hatte von manchem Unfug, Übermut und Verschwendung zu hören.

Bei Abwechslung des Gesprächs daher ging ich wieder ins Geschichtliche zurück; als ich aber der früheren Zeit erwähnte, wo das Stift sich dem Erzbischof gleichgesetzt und der Abt Reichsstand des Römisch-Deutschen Reichs gewesen, wich er lächelnd aus, als wenn er eine solche Erinnerung in der neusten Zeit für verfänglich halte.

Die Sorge des Herzogs für sein Regiment ward nun tätig und klar; denn als die Kranken zu Wagen fortzubringen unmöglich war, so ließ der Fürst ein Schiff mieten, um sie bequem nach Koblenz zu transportieren.

Nun aber kamen andere auf eine eigene Weise presshafte Kriegsmänner an. Auf dem Rückzug hatte man gar blad bemerkt, dass die Kanonen nicht fortzubringen seien: die Artilleriepferde kamen um, eines nach dem andern, wenig Vorspann war zu finden, die Pferde, auf dem Hinzug requiriert, beim Herzog geflüchtet, fehlten überall. Man griff zu der letzten Maßregel: Von jedem Regiment musste eine starke Anzahl Reiter absitzen und zu Fuß wandern, damit das Geschütz gerettet werde. In ihren steifen Stiefeln, die zuletzt nicht mehr durchhalten wollten, litten diese braven Menschen bei dem schrecklichen Wege unendlich; aber auch ihnen erheiterte sich die Zeit, denn es ward Anstalt getroffen, dass auch sie zu Wasser nach Koblenz fahren konnten.

November.

Mein Fürst hatte mir aufgetragen, dem Marquis Lucchesini aufzuwarten, eine Abschiedsempfehlung auszusprechen und mich nach einigem zu erkundigen. Bei später Abendzeit, nicht ohne einige Schwierigkeiten, ward ich bei diesem mir früher nicht ungewogenen, bedeutenden Mann eingelassen.

Die Anmut und Freundlichkeit, mit der er mich empfing, war wohltätig; nicht so die Beantwortung meiner Fragen und Erfüllung meiner Wünsche. Er entließ mich, wie er mich aufgenommen hatte, ohne mich im mindesten zu fördern, und man wird mir zutrauen, dass ich darauf vorbereitet gewesen.

Als ich nun die Abfahrt jener kranken und ermüdeten Reiter eifrig betreiben sah, ergriff mich gleichfalls das Gefühl, es sei wohl am besten getan, einen Ausweg auf dem Wasser zu suchen. Sehr ungern ließ ich meine Chaise zurück, die man mir aber nach Koblenz nachzusenden versprach, und mietete ein einmänniges Boot, wo mir denn beim Einschiffen meine sämtlichen Habseligkeiten, gleichsam vorgezählt, einen sehr angenehmen Eindruck machten, indem ich sie mehr als einmal verloren glaubte oder zu verlieren fürchtete. Zu dieser Fahrt gesellte sich ein preußischer Offizier, den ich als alten Bekannten aufnahm, dessen ich mich als Pagen gar wohl erinnerte und dem seine Hofzeit noch gar deutlich vorschwebte; wie er mir denn gewöhnlich den Kaffee wollte präsentiert haben.

Das Wetter war leidlich, die Fahrt ruhig, und man erkannte die Anmut dieser Wohltat umso mehr, je mühseliger auf dem Landweg, der sich dem Fluss hie und da näherte, die Kolonnen dahin zogen oder auch wohl von Zeit zu Zeit stockend verweilten. Schon in Trier hatte man geklagt, dass bei so eiligem Rückmarsch die größte Schwierigkeit sei, Quartier zu finden, indem gar oft die einem Regiment angewiesenen Ortschaften schon besetzt gefunden worden, wodurch große Not und Verwirrung entstehe.

Die Uferansichten der Mosel waren längs dieser Fahrt höchst mannigfaltig; denn obgleich das Wasser eigensinnig seinen Hauptlauf von Südwest nach Nordost richtet, so wird es doch, da es ein schikanöses gebirgisches Terrain durchstreift, von beiden Seiten durch vorspringende Winkel bald rechts bald links gedrängt, so dass es nur im weitläufigen Schlangengang fortwandeln kann. Deswegen ist denn aber auch ein tüchtiger Fährmeister höchst nötig; der unsere bewies Kraft und Gewandtheit, indem er bald hier einen vorgeschobenen Kies zu vermeiden, sogleich aber dort den an steiler Felswand herflutenden Strom zu schnellerer Fahrt kühn zu benutzen wusste. Die vielen Ortschaften zu beiden Seiten gaben den muntersten Anblick; der Weinbau, überall sorgfältig gepflegt, ließ auf ein heiteres Volk schließen, das keine Mühe schont, den köstlichen Saft zu erzielen. Jeder sonnige Hügel war benutzt, bald aber bewunderten wir schroffe Elsen am Strom, auf deren schmalen vorragenden Kanten, wie auf zufälligen Naturterrassen, der Weinstock zum allerbesten gedieh.

Wir landeten bei einem artigen Wirtshaus, wo uns eine alte Wirtin wohl empfing, manches erduldete Ungemach beklagte, den Emigrierten aber besonders alles Böse gönnte. Sie habe, sagte sie, an ihrem Wirtstisch gar oft mit Grauen gesehen, wie diese gottesvergessenen Menschen das liebe Brot kugel- und brockenweise sich an den Kopf geworfen, so dass sie und ihre Mägde es nachher mit Tränen zusammengekehrt.

Und so ging es mit gutem Glück und Mut immer weiter hinab bis zur Dämmerung, da wir uns denn aber in das mäandrische Flussgewinde, wie es sich gegen die Höhen von Montroyal herandrängt, verschlungen sahen. Nun überfiel uns die Nacht, bevor wir Trarbach erreichen oder auch nur gewahren konnten. Es ward stockfinster, eingeengt wussten wir uns zwischen mehr oder weniger steilem Ufer, als ein Sturm, bisher schon ruckweise verkündigt, gewaltsam anhaltend hereinbrach: bald schwoll der Strom im Gegenwind, bald wechselten abprallende Windstöße niederstürzend mit wütendem Sausen; eine Welle nach der anderen schlug über den Kahn, wir fühlten uns durchnässt. Der Schiffmeister barg nicht seine Verlegenheit; die Not schien immer größer, je länger sie dauerte, und der Drang war aufs höchste gestiegen, als der wackere Mann versicherte, er wisse weder wo er sei, noch wohin er steuern solle.

Unser Begleiter verstummte, ich war still in mir gefasst. Wir schwebten in der tiefsten Finsternis, nur manchmal wollte mir schienen, dass Massen über mir doch noch etwas dunkler als der verfinsterte Himmels ich dem Auge bemerkbar machten; dies gewährte jedoch wenig Trost und Hoffnung: zwischen Land und Fels eingeschlossen zu sein, drang sich immer ängstlicher auf. Und so wurden wir im Stockfinstern lange hin und her geworfen, bis sich endlich in der Ferne ein Licht und damit auch Hoffnung auftat. Nun ward nach Möglichkeit drauf los gesteuert und gerudert, wobei sich Paul nach Kräften tätig erwies.

Endlich stiegen wir in Trarbach glücklich ans Land, wo man uns in einem leidlichen Gasthof Henne mit Reis alsobald anbot. Ein angesehener Kaufmann aber, die Landung von Fremden in so tiefer stürmischer Nacht vernehmend, nötigte uns in sein Haus, wo wir bei hellem Kerzenschein, in wohl geschmückten Zimmern englische schwarze Kunstblätter, in Rahm und Glas gar zierlich aufgehangen, mit Freude, ja mit Rührung gegen die kurz vorher erduldeten finsteren Gefährlichkeiten begrüßend erblickten. Herr und Frau, noch junge Leute, beeiferten sich, uns gütlich zu tun; wir genossen des köstlichsten Moselweins, an dem sich mein Gefährte, der eine Wiederherstellung freilich am nötigsten haben mochte, besonders erquickte.

Paul gestand, dass er schon Rock und Stiefel ausgezogen, um, wenn wir scheitern sollten, uns durch Schwimmen zu erretten; wobei er sich denn freilich nur allein möchte durchgebracht haben.

Kaum hatten wir uns getrocknet und geletzt, als es in mir schon wieder zu treiben anfing und ich fortzueilen begehrte. Der freundliche Wirt wollte uns nicht entlassen, sondern verlangte vielmehr, wir sollten den morgenden Tag noch zugeben, versprach auch von einer benachbarten Höhe die weiteste, schönste Aussicht übe rein bedeutend Gelände und manches andere, was uns zur Erquickung und Zerstreuung hätte dienen können. Aber es ist wunderbar: wie sich der Mensch an ruhige Zustände gewöhnt und in denselben verharren mag, so gibt es auch eine Gewöhnung zum Unruhigen; es war in mir die Nötigung zu einem rollenden Forteilen, der ich nicht gebieten konnte.

Als wir daher fortzueilen im Begriff standen, nötigte uns der wackere Mann noch zwei Matratzen auf, damit wir im Schiff wenigstens einige Bequemlichkeit hätten; die Frau gab solche nicht gerne her, welches ihr, da der Barchent neu und schön, gar nicht zu verdenken war. Und so ereignet sich's oft in Einquartierungsfällen, dass bald der eine, bald der andere Gatte dem aufgedrungenen Gast mehr oder weniger wohl will.

Bis Koblenz schwammen wir ruhig hinunter, und ich erinnere mich nur deutlich, dass ich am Ende der Fahrt das schönste Naturbild gesehen, was mir vielleicht zu Augen gekommen. Als wir gegen die Moselbrücke zu fuhren, stand uns dieses schwarze mächtige Bauwerk kräftig entgegen; durch die Bogenöffnungen aber schauten die stattlichen Gebäude des Tals, über der Brückenlinie sodann das Schloss Ehrenbreitstein im blauen Duft durch und hervor. Rechts bildete die Stadt, an die Brücke sich anschließend, einen tüchtigen Vorgrund. Dieses Bild gab einen herrlichen, aber nur augenblicklichen Genuss, denn wir landeten und schickten sogleich gewissenhaft die Matratzen unversehrt an das von den wackeren Trarbachern uns bezeichnete Handelshaus.

Dem Herzog von Weimar war ein schönes Quartier eingeräumt, worin auch ich ein gutes Unterkommen fand. Die Armee rückte nach und nach heran; die Dienerschaft des fürstlichen Generals traf ein und konnte nicht genug von den Unbilden erzählen, die sie erleiden müssen. Wir segneten uns, die Wasserfahrt eingeschlagen zu haben, und die glücklich überstandene Windsbraut schien nur ein geringes Übel gegen eine stockende und überall gehinderte Landfahrt.

Der Fürst selbst war angekommen, um den König versammelten sich viele Generale. Ich aber, in einsamen Spaziergängen den Rhein hin, wiederholte mir die wunderlichen Ereignisse der vergangenen Wochen.

* * * * *

Ein französischer General, Lafayette, Haupt einer großen Partei, vor kurzem der Abgott seiner Nation, des vollkommensten Vertrauens der Soldaten genießend, lehnt sich gegen die Obergewalt auf, die allein nach Gefangennehmung des Königs das Reich repräsentiert; er entflieht, seine Armee, nicht stärker als 23000 Mann, bleibt ohne General und Oberoffiziere, desorganisiert, bestürzt.

Zur selbigen Zeit betritt ein mächtiger König, mit einem 80000 Mann starken verbündeten Heer, den Boden von Frankreich; zwei befestigte Städte, nach geringem Zaudern, ergeben sich.

Nun erscheint ein wenig gekannter General, Dumouriez; ohne jemals einen Oberbefehl geführt zu haben, nimmt er, gewandt und klug, eine sehr starke Stellung; sie wird durchbrochen, und doch erreicht er eine zweite, wird auch daselbst eingeschlossen und zwar so, dass der Feind sich zwischen ihn und Paris stellt.

Aber sonderbar verwickelte Zustände werden durch anhaltendes Regenwetter herbeigeführt; das furchtbare alliierte Heer, nicht weiter als sechs Stunden von Chalons und zehn von Reims, sieht sich abgehalten, diese beiden Orte zu gewinnen, bequemt sich zum Rückzug, räumt die zwei eroberten Plätze, verliert über ein Drittel seiner Mannschaft, und davon höchstens 2000 durch die Waffen, und sieht sich nun wieder am Rhein. Alle diese Begegnisse, die an das Wunderbare grenzen, ereignen sich in weniger als sechs Wochen, und Frankreich ist aus der größten Gefahr gerettet, deren seien Jahrbücher jemals gedenken.

Vergegenwärtige man sich nun die vielen tausend Teilnehmer an solchem Missgeschick, denen das grimmige Leibes- und Seelenleiden einiges Recht zur Klage zu geben schien, so wird man sich leicht vorstellen, dass nicht alles im stillen abgetan ward, und so sehr man sich auch vorzusehen gedachte, doch aus einem vollen Herzen der Mund zuzeiten überging.

Und so begegnete denn auch mir, dass ich an großer Tafel neben einem alten trefflichen General saß und vom Vergangenen zu sprechen mich nicht ganz enthielt, worauf er mir, zwar freundlich, aber mit gewisser Bestimmtheit antwortete: "Erzeigen Sie mir morgen früh die Ehre, mich zu besuchen, da wir uns hierüber freundlich und aufrichtig besprechen wollen." Ich schien es anzunehmen, blieb aber aus und gelobte mir innerlich, das gewohnte Stillschweigen so bald nicht wieder zu brechen.

Auf der Wasserfahrt sowie auch in Koblenz hatte ich manche Bemerkung gemacht zum Vorteil meiner chromatischen Studien; besonders war mir über die epooptischen Farben ein neues Licht aufgegangen, und ich konnte immer mehr hoffen, die physischen Erscheinungen in sich zu verknüpfen und sie von andern abzusondern, mit denen sie in entfernterer Verwandtschaft zu stehen schien.

Auch kam mir des treuen Kämmerier Wagner Tagebuch zu Ergänzung des meinigen gar wohl zustatten, das ich in den letzten Tagen ganz und gar vernachlässigt hatte.

Des Herzogs Regiment war herangekommen und kantonierte in den Dörfern gegen Neuwied über. Hier bewies der Fürst die väterlichste Sorgfalt für seine Untergebenen: jeder einzelne durfte seine Not klagen, und soviel nur möglich ward abgestellt und nachgeholfen. Leutnant von Flotow, in der Stadt auf Kommando stehend und dem Wohltäter am nächsten, erwies sich tätig und hilfreich. Dem Hauptbedürfnis an Schuhen und Stiefeln wurde dadurch abgeholfen, dass man Leder kaufte und die im Regiment sich findenden Schuster unter den Meistern der Stadt arbeiten ließ. Auch für Reinlichkeit und Zierde war gesorgt, gelbe Kreide angeschafft, die Kolletts gesäubert und gefärbt, und unsere Reiter trabten wieder ganz schmuck einher.

Meine Studien jedoch sowohl als die heitere Unterhaltung mit den Kanzlei- und Hausgenossen wurden gar sehr belebt durch den Ehrenwein, welcher, von trefflicher Moselsorte, unserem Fürsten vom Stadtrat gereicht ward und welchen wir, da der Fürst meist auswärts speiste, zu genießen die Erlaubnis hatten. Als wir Gelegenheit fanden, einem von den Gebern darüber ein Kompliment zu machen, und dankbar anerkannten, dass sie sich bei solcher Gelegenheit um unsertwillen mancher guten Flasche berauben wollen, vernahmen wir die Erwiderung: dass sie uns dies und noch viel mehr gönnten und nur die Fässer bedauerten, welche sie an die Emigrierten wenden müssen, welche zwar viel Geld, aber auch viel Unheil über die Stadt gebracht, ja den Zustand derselben völlig umgekehrt; besonders aber wollte man ihr Betragen gegen den Fürsten nicht rühmen, an dessen Stelle sie sich gewissermaßen gesetzt und gegen seine Willen kühnlich Unverantwortliches unternommen.

In der letzten, Unheil drohenden Zeit, war er auch nach Regensburg abgereist, und ich schlich, zu schöner heiterer Mittagsstunde, an sein Schloss hin, das auf dem linken Rheinufer, etwas oberhalb der Stadt, wunderschön, seitdem ich diese Gegen nicht betreten, aus der Erde gewachsen war. Es stand einsam und als die allerneuste, wenn auch nicht architektonische, doch politische Ruine da, und ich hatte nicht den Mut, mir von dem umherwandelnden Schlossvogt den Eingang zu gewinnen. Wie schön war die nähere und weitere Umgebung, wie angebaut und gartenreich der Raum zwischen Schloss und Stadt, die Aussicht den Rhein stromauf ruhig und besänftigend, gegen Stadt und Festung aber prächtig und aufregend.

In der Absicht, mich übersetzen zu lassen, ging ich zur fliegenden Brücke, ward aber aufgehalten oder hielt mich vielmehr selbst auf, in Beschauung eines österreichischen Wagentransportes, welcher nach und nach übergesetzt wurde. Hier ereignete sich ein Streit zwischen einem preußischen und österreichischen Unteroffizier, welcher den Charakter beider Nationen klar ins Licht setzte.

Vom Österreicher, der hierher postiert war, um die möglich schnelle Überfahrt der Wagenkolonne zu beaufsichtigen, aller Verwirrung vorzubeugen und deshalb kein anderes Fuhrwerk dazwischen zu lassen, verlangte der Preuße heftig eine Ausnahme für sein Wägelchen, auf welchem Frau und

Kind mit einigen Habseligkeiten gepackt waren. Mit großer Gelassenheit versagte der Österreicher die Forderung, auf die Order sich berufend, die ihm dergleichen ausdrücklich verbiete; der Preuße ward heftiger, der Österreicher wo möglich gelassener; er litt keine Lücke in der ihm empfohlenen Kolonne, und der andere fand sich einzudrängen keinen Raum. Endlich schlug der Zudringliche an seinen Säbel und forderte den Widerstehenden heraus: mit Drohen und Schimpfen wollte er seinen Gegner ins nächste Gässchen bewegen, um die Sache daselbst auszumachen; der höchst, ruhige, verständige Mann aber, der die Rechte seines Postens gar wohl kannte, rührte sich nicht und hielt Ordnung nach wie vor.

Ich wünschte diese Szene wohl von einem Charakterzeichner aufgefasst, denn wie im Betragen so auch in Gestalt unterschieden sich beide: der Gelassene war stämmig und stark, der Wütende — denn zuletzt erwies er sich so — hager, lang, schmächtig und rührig.

Die auf diesen Spaziergang zu verwendende Zeit war zum Teil schon verstrichen, und mir vertrieb die Frucht vor ähnlichen Retardationen bei der Rückkehr jede Lust, das sonst so geliebte Tal zu besuchen, das doch nur das Gefühl schmerzlichen Entbehrens erregt und mich fruchtlos zu Betrachtung früherer Jahre aufgeregt hätte; doch stand ich lange hinüberschauend, friedlicher Zeiten mitten im verwirrenden Wechsel irdischer Ereignisse treulich eingedenk.

Und so traf es zufällig, dass ich von den Maßregeln zum ferneren Feldzug auf dem rechten Ufer näher unterrichtet ward. Des Herzogs Regiment rüstete sich, hinüberzuziehen; der Fürst selbst mit seiner ganzen Umgebung sollte folgen. Mir bangte vor jeder Fortsetzung des kriegerischen

Zustandes, und das Fluchtgefühl ergriff mich abermals. Ich möchte dies ein umgekehrtes Heimweh nennen, eine Sehnsucht ins Weite statt ins Enge. Ich stand, der herrliche Fluss lag vor mir: er geleitete so sanft und lieblich hinunter, in ausgedehnter breiter Landschaft; er floss zu Freunden, mit denen ich, trotz manchem Wechseln und Wenden, immer treu verbunden geblieben. Mich verlangte aus der fremden, gewaltsamen Welt an Freundesbrust, und so mietete ich, nach erhaltenem Urlaub, eilig einen Kahn bis Düsseldorf, meine noch immer zurückbleibende Chaise Koblenzer Freunden empfehlend, mit Bitte, sie mir hinabwärts zu spedieren.

Als ich nun mit meinen Habseligkeiten mich eingeschifft und sogleich auf dem Strom dahin schwimmen sah, begleitet vom getreuen Paul und einem blinden Passagier, welcher gelegentlich zu rudern sich verband, heilt ich mich für glücklich und von allem Übel befreit.

Indessen standen noch einige Abenteuer bevor. Wir hatten nicht lange flussabwärts gerudert, als zu bemerken war, dass der Kahn ein starkes Leck haben müsse, indem der Fährmann von Zeit zu Zeit das Wasser fleißig ausschöpfte. Und nun entdeckte ich erst, dass wir, bei übereilt unternommener Fahrt, nicht bedacht hatten, wie auf die weite Strecke hinab vom Koblenz bis Düsseldorf der Schiffer nur ein altes Boot zu nehmen pflegt, um es unten als Brennholz zu verkaufen und, sein Fährgeld in der Tasche, ganz leicht nach Hause zu wandern.

Indessen fuhren wir getrost dahin. Eine sternhelle, doch sehr kalte Nacht begünstigte unsere Fahrt, als auf einmal der fremde Ruderer verlangte, ans Land gesetzt zu werden, und sich mit dem Schiffer zu streiten anfing, an welcher Stelle es denn eigentlich für den Wandrer am vorteilhaftesten sei; worüber sie sich nicht vereinigen konnten.

Unter diesen Händeln, die mit Heftigkeit geführt wurden, stürzte unser Fährmann ins Wasser und wurde nur mit Mühe herausgezogen. Nun konnte er bei heller, klarer Nacht nicht mehr aushalten und bat dringend um die Erlaubnis, bei Bonn anfahren zu dürfen, um sich zu trocknen und zu erwärmen. Mein Diener ging mit ihm in eine Schifferkneipe, ich aber beharrte, unter freiem Himmel zu bleiben, und ließ mir ein Lager auf Mantelsack und Portefeuille bereiten. So groß ist die Macht der Gewohnheit, dass mir, der ich die letzten sechs Wochen fast immer unter freiem Himmel zugebracht hatte, vor Dach und Zimmer graute. Diesmal aber entstand daraus für mich ein neues Unheil, welches man freilich hätte vorhersehen sollen: den Kahn hatte man zwar soweit als möglich auf den Strand gezogen, aber nicht so weit, dass er nicht durch das Leck noch hätte Wasser einnehmen können.

Nach einem tiefen Schlaf fand ich mich mehr als erfrischt, denn das Wasser war bis zu meinem Lager gedrungen und hatte mich und meine Habseligkeiten durchnässt. Ich war daher genötigt, aufzustehen, das Wirtshaus aufzusuchen und mich in Tabak schmauchender, Glühwein schlürfender Gesellschaft so gut als möglich zu trocknen, worüber denn der Morgen ziemlich herankam und eine verspätete Reise durch frisches Rudern eifrig beschleunigt wurde.

Zwischenrede

Wenn ich mich nun so, in der Erinnerung, den Rhein hinunter schwimmen sehe, wüsst' ich nicht genau zu sagen, was in mir vorging. Der Anblick eines friedlichen Wasserspiegels, das Gefühl der bequemen Fahrt auf demselben ließ mich nach der kurz vergangenen Zeit zurückschauen wie auf einen bösen Traum, von dem ich mich soeben erwacht fände; ich überließ mich den heitersten Hoffnungen eines nächsten gemütlichen Zusammenseins.

Nun aber, wenn ich mitzuteilen fortfahren soll, muss ich eine andere Behandlung wählen, als dem bisherigen Vortrag wohl geziemte: denn wo Tag für Tag das Bedeutendste vor unsern Augen vorgeht, wenn wir mit so viel Tausenden leiden und fürchten und nur furchtsam hoffen, dann hat die Gegenwart ihren entschiedenen Wert und, Schritt vor Schritt vorgetragen, erneut sie das Vergangene, indem sie auf die Zukunft hindeutet.

Was aber in geselligen Zirkeln sich ereignet, kann nur aus einer sittlichen Folge der Äußerungen innerlicher Zustände begriffen werden: die Reflexion ist hier an ihrer Stelle, der Augenblick spricht nicht für sich selbst, Andenken an das Vergangene, spätere Betrachtungen müssen ihn dolmetschen.

Wie ich überhaupt ziemlich unbewusst lebte und mich vom Tag zum Tage führen ließ, wobei ich mich, besonders die letzten Jahre, nicht übel befand, so hatte ich die Eigenheit, niemals weder eine nächst zu erwartende Person noch eine irgend zu betretende Stelle voraus zu denken, sondern diesen Zustand unvorbereitet auf mich einwirken zu lassen. Der Vorteil, der daraus entsteht, ist groß: man braucht von einer vorgefassten Idee nicht wieder zurückzukommen, nicht ein selbstbeliebig gezeichnetes Bild wieder auszulöschen und mit Unbehagen die Wirklichkeit an dessen Stelle aufzunehmen; der Nachteil dagegen mag wohl hervortreten, dass wir mit Unbewusstsein in wichtigen Augenblicken nur herumtasten und uns nicht gerade in jeden ganz unvorhergesehenen Zustand aus dem Stegreif zu finden wissen.

In eben dem Sinn war ich auch niemals aufmerksam, was meine persönliche Gegenwart und Geistesstimmung auf die Menschen wirke, da ich denn oft ganz unerwartet fand, dass ich Neigung oder Abneigung und sogar oft beides zugleich erregte.

Wollte man nun auch dieses Betragen als eine individuelle Eigenheit weder loben noch tadeln, so muss doch bemerkt werden, dass sie im gegenwärtigen Fall gar wunderliche Phänomene, und nicht immer die erfreulichsten, hervorbrachte.

Ich war mit jenen Freunden seit vielen Jahren nicht zusammengekommen; sie hatten sich getreu an ihrem Lebensgang gehalten, dagegen mir das wunderbare Los beschieden war, durch manche Stufen der Prüfung, des Tuns und Duldens durchzugehen, so dass ich, in eben der Person beharrend, ein ganz anderer Mensch geworden, meinen alten Freunden fast unkenntlich auftrat.

Es würde schwer halten, auch in späteren Jahren, wo eine freiere Übersicht des Lebens gewonnen ist, sich genaue Rechenschaft von jenen Übergängen abzulegen, die bald als Vorschritt, bald als Rückschritt erscheinen und doch alle dem Gott geführten Menschen zu Nutz und Frommen gereichen müssen. Ungeachtet solcher Schwierigkeiten aber will ich, meinen Freunden zuliebe, einige Andeutung versuchen.

Der sittliche Mensch erregt Neigung und Liebe nur insofern, als man Sehnsucht an ihm gewahr wird: sie drückt Besitz und Wunsch zugleich aus, den Besitz eines zärtlichen Herzens und den Wunsch, ein gleiches in andern zu finden; durch jenes zeihen wir an, durch dieses geben wir uns hin.

Das Sehnsüchtige, das in mir lag, das ich in früheren Jahren vielleicht zu sehr gehegt und bei fortschreitendem Leben kräftig zu bekämpfen trachtete, wollte dem Mann nicht mehr ziemen, nicht mehr genügen, und er suchte deshalb die volle, endliche Befriedigung.

Das Ziel meiner innigsten Sehnsucht, deren Qual mein ganzes Inneres erfüllte, war Italien, dessen Bild und Gleichnis mir viele Jahre vergebens vorschwebte, bis ich endlich durch kühnen Entschluss die wirkliche Gegenwart zu fassen mich erdreistete. In jenes herrliche Land sind mir meine Freunde gern auch in Gedanken gefolgt, sie haben mich auf Hin- und Herwegen begleitet; möchten sie nun auch nächstens den längeren Aufenthalt daselbst mit Neigung teilen und von dort mich wieder zurück begleiten, da sich alsdann manches Problem fasslicher auflösen wird.

In Italien fühlt' ich mich nach und nach kleinlichen Vorstellungen entrissen, falschen Wünschen enthoben, und an die Stelle der Sehnsucht nach dem Land der Künste setzte sich die Sehnsucht nach der Kunst selbst: ich war sie gewahr geworden, nun wünscht' ich sie zu durchdringen.

Das Studium der Kunst, wie das der alten Schriftsteller, gibt uns einen gewissen Halt, eine Befriedigung in uns selbst: indem sie unser Inneres mit großen Gegenständen und Gesinnungen füllt, bemächtigt sie sich aller Wünsche, die nach außen strebten, hegt aber jedes würdige Verlangen im stillen Busen; das Bedürfnis der Mitteilung wird immer geringer, und wie Malern, Bildhauern, Baumeistern, so geht es auch dem Liebhaber: er arbeitet einsam, für Genüsse, die er mit andern zu teilen kaum in den Fall kommt.

Aber zu gleicher Zeit sollte mich noch eine Ableitung der Welt entfremden, und zwar die entschiedenste Wendung gegen die Natur, zu der ich aus eigenstem Trieb auf die individuellste Weise hingelenkt worden. Hier fand ich weder

Meister noch Gesellen und musste selbst für alles stehen. In der Einsamkeit der Wälder und Gärten, in den Finsternissen der dunklen Kammer wär' ich ganz einzeln geblieben, hätte mich nicht en glückliches, häusliches Verhältnis in dieser wunderlichen Epoche lieblich zu erquicken gewusst. Die "Römischen Elegien," die "Venezianischen Epigramme" fallen in diese Zeit.

Nun aber sollte mir auch ein Vorgeschmack kriegerischer Unternehmungen werden: denn, der schlesischen, durch den Reichenbacher Kongress geschlichteten Kampagne beizuwohnen beordert, hatte ich mich in einem bedeutenden Land durch manche Erfahrung aufgeklärt und erhoben gesehen und zugleich durch anmutige Zerstreuung hin- und hergaukeln lassen, indessen das Unheil der französischen Staats-Umwälzung, sich immer weiter verbreitend, jeden Geist, er mochte hin denken und sinnen, wohin er wollte, auf die Oberfläche der europäischen Welt zurückforderte und ihm die grausamsten Wirklichkeiten aufdrang. Rief mich nun gar die Pflicht, meinen Fürsten und Herrn erst in die bedenklichen, bald aber traurigen Ereignisse des Tags abermals hinein zu begleiten und das Unerfreuliche, das ich nur gemäßigt meinen Lesern mitzuteilen gewagt, männlich zu erdulden, so hätte alles, was noch Zartes und Herzliches sich ins Innerste zurückgezogen hatte, auslöschen und verschwinden mögen.

Fasse man dies alles zusammen, so wird der Zustand, wie er nachstehend skizzenhaft verzeichnet ist, nicht ganz rätselhaft erscheinen; welches ich umso mehr wünschen muss, da ich ungern dem Trieb widerstehe, diese vor vielen Jahren flüchtig verfassten Blätter nach gegenwärtiger Einsicht und Überzeugung umzuschreiben.

Pempelfort, November 1792.

Es war schon finster, als ich in Düsseldorf landete und mich daher mit Laternen nach Pempelfort bringen ließ, wo ich nach augenblicklicher Überraschung die freundlichste Aufnahme fand; vielfaches Hin- und Hersprechen, wie ein solches wieder Sehen aufregt, nahm einen Teil der Nacht hinweg.

Den nächsten Tag war ich durch Fragen, Antworten und Erzählen bald eingewohnt: der unglückliche Feldzug gab leider genugsame Unterhaltung, niemand hatte sich den Ausgang so traurig gedacht. Aber auch aussprechen konnte niemand die tiefe Wirkung eines beinahe vierwöchentlichen furchtbaren Schweigens, die sich immer steigernde Ungewissheit bei dem Mangel aller Nachrichten. Eben als wäre das alliierte Heer von der Erde verschlungen worden, so wenig verlautete von demselben; jedermann, in eine grässliche Leere hineinblickend, war von Furcht und Ängsten gepeinigt, und nun erwartete man mit Entsetzen die Kriegsläufe schon wieder in den Niederlanden, man sah das linke Rheinufer und zugleich das rechte bedroht.

Von solchen Betrachtungen zerstreuten uns moralische und literarische
Verhandlungen, wobei mein Realismus, zum Vorschein kommend, die
Freunde nicht sonderlich erbaute.

Ich hatte seit der Revolution, mich von dem wilden Wesen einigermaßen zu zerstreuen, ein wunderbares Werk begonnen, eine Reise von sieben Brüdern verschiedener Art, jeder nach seiner Weise dem Bund dienend, durchaus abenteuerlich und märchenhaft, verworren, Aussicht und Absicht verbergend, ein Gleichnis unseres eigenen Zustandes. Man verlangte eine Vorlesung, ich ließ mich nicht viel bitten und rückte mit meinen Heften hervor; aber ich bedurfte auch nur wenig Zeit, um zu bemerken, dass niemand davon erbaut sei. Ich ließ daher meine wandernde Familie in irgendeinem Hafen und mein weiteres Manuskript auf sich selbst beruhen.

Meine Freunde jedoch, die sich in so veränderte Gesinnung nicht gleich ergeben wollten, versuchten mancherlei, um frühere Gefühle durch ältere Arbeiten wieder hervorzurufen, und gaben mir "Iphigenie" zur abendlichen Vorlesung in die Hand; das wollte mir aber gar nicht munden, dem zarten Sinn fühlt' ich mich entfremdet; auch von andern vorgetragen, war mir ein solcher Anklang lästig. Indem aber das Stück gar blad zurückgelegt ward, schien es, als wenn man mich durch einen höheren Grad von Folter zu prüfen gedenke. Man brachte "Ödipus auf Kolonos," dessen erhabene Heiligkeit meinem gegen Kunst, Natur und Welt gewendeten, durch eine schreckliche Kampagne verhärteten Sinn ganz unerträglich schien; nicht hundert Zeilen hielt ich aus. Da ergab man sich denn wohl in die Gesinnung des veränderten Freundes: fehlte es doch nicht an so mancherlei Anhaltepunkten des Gesprächs.

Aus den früheren Zeiten deutscher Literatur ward manches einzelne erfreulich hervorgerufen, niemals aber drang die Unterhaltung in einen tieferen Zusammenhang, weil man Merkmale ungleicher Gesinnung vermeiden wollte.

Soll ich irgendetwas Allgemeines hier einschalten, so war es schon seit zwanzig Jahren wirklich eine merkwürdige Zeit, wo bedeutende Existenzen zusammentrafen und Menschen von einer Seite sich aneinander schlossen, obgleich von der andern höchst verschieden: jeder brachte einen hohen Begriff von sich selbst zur Gesellschaft, und man ließ sich eine wechselseitige Verehrung und Schonung gern gefallen.

Das Talent befestigte seinen erworbenen Besitz einer allgemeinen Achtung, durch gesellige Verbindungen wusste man sich zu hegen und zu fördern, die errungenen Vorteile wurden nicht mehr durch einzelne, sondern durch die übereinstimmende Mehrheit erhalten. Dass hierbei eine Art Absichtlichkeit durchwalten musste, lag in der Sache; so gut wie andere Weltkinder verstanden sie, eine gewisse Kunst in ihre Verhältnisse zu legen: man verzieh sich die Eigenheiten, eine Empfindlichkeit heilt der andern die Wage, und die wechselseitigen Missverständnisse blieben lange verborgen.

Zwischen diesem allen hatte ich einen wunderlichen Stand: mein Talent gab mir einen ehrenvollen Platz in der Gesellschaft, aber meine heftige Leidenschaft für das, was ich als wahr und naturgemäß erkannte, erlaubte sich manche gehässige Ungezogenheit gegen irgendein scheinbar falsches Streben; weswegen ich mich auch mit den Gliedern jenes Kreises zu Zeiten überwarf, ganz oder halb versöhnte, immer aber im Dünkel des Rechthabens auf meinem Weg fortging. Dabei behielt ich etwas von der Ingenuität des Voltaireschen Huronen noch im späteren Alter, so dass ich zugleich unerträglich und liebenswürdig sein konnte.

Ein Feld jedoch, in welchem man sich mit mehr Freiheit und Übereinstimmung erging, war die westliche, um nicht zu sagen französische Literatur. Jacobi, indem er seinen eigenen Weg wandelte, nahm doch Kenntnis von allem Bedeutenden, und die Nachbarschaft der Niederlande trug viel dazu bei, ihn nicht allein literarisch, sondern auch persönlich in jenen Kreis zu ziehen. Er war ein sehr wohlgestalteter Mann, von den vorteilhaftesten Gesichtszügen, von einem zwar gemessenen, aber doch höchst gefälligen Betragen, bestimmt, in jedem gebildeten Kreis zu glänzen.

Wundersam war jene Zeit, die man sich kaum wieder vergegenwärtigen könnte. Voltaire hatte wirklich die alten

Bande der Menschheit aufgelöst; daher entstand in guten Köpfen eine Zweifelsucht an dem, was man sonst für würdig gehalten hatte. Wenn der Philosoph von Ferney seine ganze Bemühung dahin richtete, den Einfluss der Geistlichkeit zu midnern und zu schwächen, und hauptsächlich Europa im Auge behielt, so erstreckte de Pauw seinen Eroberungsgeist über fernere Weltteile; er wollte weder Chinesen noch Ägyptern die Ehre gönnen, die ein vieljähriges Vorurteil auf sie gehäuft hatte. Als Kanonikus von Xanten Nachbar von Düsseldorf, unterhielt er ein freundschaftliches Verhältnis mit Jacobi. Und wie mancher andere wäre nicht hier zu nennen!

Und so wollen wir doch noch Hemsterhuis einführen, welcher, der Fürstin Gallitzin ergeben, in dem benachbarten Münster viel verweilte. Dieser ging nun von seiner Seite mit Geistesverwandten auf zartere Beruhigung, auf ideelle Befriedigung aus und neigte sich, mit platonischen Gesinnungen, der Religion zu.

Bei diesen fragmentarischen Erinnerungen muss ich auch noch Diderots gedenken, des heftigen Dialektikers, der sich auch eine Zeitlang in Pempelfort als Gast sehr wohl gefiel und mit großer Freimütigkeit seine Paradoxen behauptete.

Auch waren Rousseaus und Naturzustände gerichtete Aussichten diesem Kreis nicht fremd, welcher nichts ausschloss, also auch mich nicht, ob er mich gleich eigentlich nur duldete.

Denn wie die äußere Literatur auf mich in jüngeren Jahren gewirkt, ist an mehreren Orten schon angedeutet. Fremdes konnt' ich wohl in meinem Nutzen verwenden, aber nicht aufnehmen; deshalb ich mich denn über das Fremde mit andern ebenso wenig zu verständigen vermochte. Ebenso wunderlich sah es mit der Produktion aus: diese heilt immer gleichen Schritt mit meinem Lebensgang, und da dieser selbst für meine nächsten Freunde meist ein Geheimnis blieb, so wusste man selten mit einem meiner neuen Produkte sich zu befreunden, weil man denn doch etwas Ähnliches zu dem schon Bekannten erwartete.

War ich nun schon mit meinen sieben Brüdern übel angekommen, weil sie Schwester Iphigenie nicht im mindesten glichen, so merkt' ich wohl, dass ich die Freunde durch meinen Groß-Cophta, der längst gedruckt war, sogar verletzt hatte; es war die Rede nicht davon, und ich hütete mich, sie darauf zu bringen. Indessen wird man mir gestehen, dass ein Autor, der in der Lage ist, seine neuesten Werke nicht vortragen oder darüber reden zu dürfen, sich so peinlich fühlen muss wie ein Komponist, der seine neusten Melodien zu wiederholen sich gehindert fühlte.

Mit meinen Naturbetrachtungen wollte es mir kaum besser glücken: die ernstliche Leidenschaft, womit ich diesem Geschäft nachhing, konnte niemand begreifen, niemand sah, wie sie aus meinem Innersten entsprang; sie hielten dieses löbliche Bestreben für einen grillenhaften Irrtum, ihrer Meinung nach konnt' ich was Besseres tun und meinem Talent die alte Richtung lassen und geben. Sie glaubten sich hierzu um desto mehr berechtigt, als meine Denkweise sich an die ihrige nicht anschloss, vielmehr in den meisten Punkten gerade das Gegenteil aussprach. Man kann sich keinen isolierteren Menschen denken, als ich damals war und lange Zeit blieb. Der Hylozoismus, oder wie man es nennen will, dem ich anhing und dessen tiefen Grund ich in seiner Würde und Heiligkeit unberührt ließ, machte mich unempfänglich, ja unleidsam gegen jene Denkweise, die eine tote, auf welche Art es auch sei, auf- und angeregte Materie als Glaubensbekenntnis aufstellte. Ich hatte mir aus Kants Naturwissenschaft nicht entgehen lassen, dass Anziehungs- und Zurückstoßungskraft zum Wesen der Materie getrennt werden könne; daraus ging mir die Urpolarität aller Wesen getrennt werden könne; daraus ging mir die Urpolarität der Erscheinungen durchdringt und belebt.

Schon bei dem früheren Besuch der Fürstin Gallitzin mit Fürstenberg und Hemsterhuis in Weimar hatte ich dergleichen vorgebracht, ward aber, als wie mit gotteslästerlichen Reden, beiseite und zur Ruhe gewiesen.

Man kann es keinem Kreis verdenken, wenn er sich ins ich selbst abschließt, und das taten meine Freunde zu Pempelfort redlich. Von der schon ein Jahr gedruckten "Metamorphose der Pflanzen" hatten sie wenig Kenntnis genommen, und wenn ich meine morphologischen Gedanken, so geläufig sie mir auch waren, in bester Ordnung und, wie es mir schien, bis zur kräftigsten Überzeugung vortrug, so musste ich doch leider bemerken, dass die starre Vorstellungsart, nichts könne werden, als was schon sei, sich aller Geister bemächtigt habe. In Gefolg dessen musst' ich denn auch wieder hören, dass alles Lebendige aus dem Ei komme, worauf ich denn mit bitterem Scherz die alte Frage hervorhob: ob denn die Henne oder das Ei zuerst gewesen? Die Einschachtelungslehre schien so plausibel und, die Natur mit Bonnet zu kontemplieren, höchst erbaulich.

Von meinen "Beiträgen zur Optik" hatte auch etwas verlautet, und ich ließ mich nicht lange bitten, die Gesellschaft mit einigen Phänomenen und Versuchen zu unterhalten, wo mir denn ganz Neues vorzubringen nicht schwer fiel: denn alle Personen, so gebildet sie auch waren, hatten das gespaltene Licht eingelernt und wollten leider das lebendige, woran sie sich erfreuten, auf jene tote Hypothese zurückgeführt wissen.

Doch ließ ich mir dergleichen eine Zeitlang gern gefallen, denn ich heilt niemals einen Vortrag, ohne dass ich dabei gewonnen hätte; gewöhnlich gingen mir unterm Sprechen neue Lichter auf, und ich erfand im Fluss der Rede am gewissesten.

Freilich konnte ich auf diese Weise nur didaktisch und dogmatisch verfahren, eine eigentlich dialektische und konversierende Gabe war mir nicht verliehen. Oft aber trat auch eine böse Gewohnheit hervor, deren ich mich anklagen muss: da mir das Gespräch, wie es gewöhnlich geführt wird, höchst langweilig war, indem nichts als beschränkte, individuelle Vorstellungsarten zur Sprache kamen, so pflegte ich den unter Menschen gewöhnlich entspringenden borninierten Streit durch gewaltsame Paradoxe aufzuregen und ans Äußerste zu führen. Dadurch war die Gesellschaft meist verletzt und in mehr als einem Sinn verdrießlich. Denn oft, um meinen Zweck zu erreichen, musst' ich das böse Prinzip spielen, und da die Menschen gut sein und auch nicht gut haben wollten, so ließen sie es nicht durchgehen: als Ernst konnte man es nicht gelten lassen, weil es nicht gründlich, als Scherz nicht, weil es zu herb war; zuletzt nannten sie mich einen umgekehrten Heuchler und versöhnten sich bald wieder mit mir. Doch kann ich nicht leugnen, dass ich durch diese böse Manier mir manche Person entfremdet, andere zu Feinden gemacht habe.

Wie mit dem Zauberstäbchen jedoch konnte ich sogleich alle bösen Geister vertreiben, wenn ich von Italien zu erzählen anfing. Auch dahin war ich unvorbereitet, unvorsichtig gegangen; Abenteuer fehlten keineswegs, das Land selbst, seine Anmut und Herrlichkeit hatte ich mir völlig eingeprägt, mir war Gestalt, Farbe, Haltung jener vom günstigsten Himmel umschienen Landschaft noch unmittelbar gegenwärtig. Die schwachen Versuche eigenen

Nachbildens hatten das Gedächtnis geschärft, ich konnte beschreiben, als wenn ich's vor mir sähe: von belebender Staffage wimmelte es durch und durch, und so war jedermann von den lebhaft vorbei geführten Bilderzügen zufrieden, manchmal entzückt.

Wünschenswert wäre nunmehr, dass man, um die Anmut des Pempelforter Aufenthalts vollkommen darzustellen, auch die Örtlichkeit, worin dies alles vorging, klar vergegenwärtigen könnte. Ein freistehendes geräumiges Haus, in der Nachbarschaft von weitläufigen wohl gehaltenen Gärten, im Sommer ein Paradies, auch im Winter höchst erfreulich. Jeder Sonnenblick war in reinlicher, freier Umgebung genossen; abends oder bei ungünstigem Wetter zog man sich gern in die schönen großen Zimmer zurück, die, behaglich, ohne Prunk ausgestattet, eine würdige Szene jeder geistreichen Unterhaltung darboten. Ein großes Speisezimmer, zahlreicher Familie und nie fehlenden Gästen geräumig heiter und bequem, lud an eine lange Tafel, wo es nicht an wünschenswerten Speisen fehlte. Hier fand man sich zusammen, der Hauswirt immer munter und aufregend, die Schwestern wohlwollend und einsichtig, der Sohn ernst und hoffnungsvoll, die Tochter wohl gebildet, tüchtig, treuherzig und liebenswürdig, an die leider schon vorübergegangene Mutter und an die früheren Tage erinnernd, die man vor zwanzig Jahren in Frankfurt mit ihr zugebracht hatte. Heinse, mit zur Familie gehörig, verstand, Scherze jeder Art zu erwidern, es gab Abende, wo man nicht aus dem Lachen kam.

Die wenigen einsamen Stunden, die mir in diesem gastfreisten aller Häuser übrig blieben, wendete ich im Stillen an eine wunderliche Arbeit. Ich hatte während der Kampagne neben dem Tagebuch poetische Tagesbefehle, satirische Ordres du jour aufgezeichnet; nun wollte ich sie durchsehen und redigieren, allein ich bemerkte bald, dass ich, mit kurzsichtigem Dünkel, manches falsch gesehen und unrichtig beurteilt habe, und da man gegen nichts strenger ist als gegen erst abgelegte Irrtümer, es auch bedenklich schien, dergleichen Papiere irgendeinem Zufall auszusetzen, so vernichtete ich das ganze Heft in einem lebhaften Steinkohlenfeuer; worüber ich mich nun insofern betrübe, als es mir jetzt viel wert zur Einsicht in den Gang der Vorfälle und die Folge meiner Gedanken darüber sein würde.

In dem nicht weit entfernten Düsseldorf wurden fleißige Besuche gemacht bei Freunden, die zu dem Pempelforter Zirkel gehörten; auf der Galerie war die gewöhnliche Zusammenkunft. Dort ließ sich eine entschiedene Neigung für die italienische Schule spüren, man zeigte sich höchst ungerecht gegen die niederländische; freilich war der hohe Sinn der ersten anziehend, edle Gemüter hinreißend. Einst hatten wir uns lange in dem Saal des Rubens und der vorzüglichsten Niederländer aufgehalten; als wir heraustraten, hing die Himmelfahrt von Guido gerade gegenüber. Da rief einer begeistert aus: "Ist es einem nicht zumute, als wenn man aus einer Schenke in gute Gesellschaft käme!" An meinem Teil konnt' ich mir gefallen lassen, dass die Meister, die mich noch vor kurzem über den Alpen entzückt, sich so herrlich zeigten und leidenschaftliche Bewunderung erweckten; doch sucht' ich mich auch mit den Niederländern bekannt zu machen, deren Tugenden und Vorzüge im höchsten Grade sich hier den Augen darstellten: ich fand mir Gewinn für ganze Leben.

Was mir aber noch mehr auffiel, war, dass ein gewisser Freiheitssinn, ein Streben nach Demokratie sich in die hohen Stände verbreitet hatte; man schien nicht zu fühlen, was alles erst zu verlieren sei, um zu irgendeiner Art zweideutigen Gewinnes zu gelangen. Lafayettes und Mirabeaus Büste, von Houdon sehr natürlich und ähnlich gebildet, sah ich hier göttlich verehrt, jenen wegen seiner ritterlichen und bürgerlichen Tugenden, diesen wegen Geisteskraft und Rednergewalt. So seltsam schwankte schon die Gesinnung der Deutschen; einige waren selbst in Paris gewesen, hatten die bedeutenden Männer reden hören, handeln sehen und waren, leider nach deutscher Art und Weise, zur Nachahmung aufgeregt worden, und das gerade zu einer Zeit, wo die Sorge für das linke Rheinufer sich in Furcht verwandelte.

Die Not schien dringend: Emigrierte füllten Düsseldorf, selbst die Brüder des Königs kamen an. Man eilte, sie zu sehen; ich traf sie auf der Galerie und erinnerte mich dabei, wie sie durchnässt bei dem Auszug aus Glorieux gesehen worden. Herr von Grimm und Frau von Bueil erschienen gleichfalls. Bei Überfüllung der Stadt hatte sie ein Apotheker aufgenommen: das Naturalienkabinett diente zum Schlafzimmer, Affen, Papageien und andres Getier belauschten den Morgenschlaf der liebenswürdigsten Dame, Muscheln und Korallen hinderten die Toilette, sich gehörig auszubreiten. Und so war das Einquartierungsübel, das wir kaum erst nach Frankreich gebracht hatten, wieder zu uns herübergeführt.

Frau von Coudenhoven, eine schöne, geistreiche Dame, sonst die Zierde des Mainzer Hofes, hatte sich auch hierher geflüchtet. Herr und Frau von Dohm kamen von deutscher Seite heran, um von den Zuständen nähere Kenntnis zu nehmen.

Frankfurt war noch von den Franzosen besetzt, die Kriegsbewegungen hatten sich zwischen die Lahn und das Taunusgebirge gezogen; bei täglich abwechselnden, bald sichern bald unsichern Nachrichten war das Gespräch lebhaft und geistreich; aber wegen streitenden Interesses und Meinungen gewährte es nicht immer eine erfreuliche Unterhaltung. Ich konnte einer so problematischen, durchaus ungewissen, dem Zufall unterworfenen Sache keinen Ernst abgewinnen und war mit meinen paradoxen Späßen mitunter aufheiternd, mitunter lästig.

So erinnerte ich mich, dass an dem Abendtisch der Frankfurter Bürger mit Ehren gedacht ward: sie sollten sich gegen Custine männlich und gut betragen haben; ihre Aufführung und Gesinnung, hieß es, steche gar sehr ab gegen die unerlaubte Weise, wie sich die Mainzer betragen und noch betrügen. Frau von Coudenhoven, in dem Enthusiasmus, der sie sehr gut kleidete, rief aus: sie gäbe viel darum, eine Frankfurter Bürgerin zu sein. Ich erwiderte: das sei etwas Leichtes; ich wisse ein Mittel, werde es aber als Geheimnis für mich behalten. Da man nun heftig und ehftiger in mich drang, erklärt' ich zuletzt, die treffliche Dame dürfe mich nur heiraten, wodurch sie augenblicklich zur Frankfurter Bürgerin umgeschaffen werde. Allgemeines Gelächter!

Und was kam nicht alles zur Sprache! Als einst von der unglücklichen Kampagne, besonders von der Kanonade bei Valmy die Rede war, versicherte Herr von Grimm, es sei von meinem wunderlichen Ritt ins Kanonenfeuer an des Königs Tafel die Rede gewesen. Wahrscheinlich hatten die Offiziere, denen ich damals begegnete, davon gesprochen; das Resultat ging darauf hinaus, dass man sich darüber nicht wundern müsse, weil gar nicht zu berechnen sei, was man von einem seltsamen Menschen zu erwarten habe.

Auch ein sehr geschickter, geistreicher Arzt nahm teil an unsern Halbsaturnalien, und ich dachte nicht in meinem Übermut, dass ich seiner so bald bedürfen würde. Er lachte daher zu meinem Ärger laut auf, als er mich im Bett fand, wo ein gewaltiges rheumatisches Übel, das ich mir durch Verkältung zugezogen, mich beinahe unbeweglich festhielt. Er, ein Schüler des Geheimrat Hofmann, dessen tüchtige Wunderlichkeiten von Mainz und dem kurfürstlichen Hof aus bis weit hinunter den Rhein gewirkt, verfuhr sogleich mit Kampfer, welcher fast als Universalmedizin galt. Löschpapier, Kreide darauf gerieben, sodann mit Kampfer bestreut, ward äußerlich, Kampfer gleichfalls, in kleinen Dosen, innerlich angewandt. Dem sei nun, wie ihm wolle, ich war in einigen Tagen hergestellt.

Die Langeweile jedoch des Leidens ließ mich manche Betrachtung anstellen, die Schwäche, die aus einem bettlägrigen Zustand gar leicht erfolgt, ließ mich meine Lage bedenklich finden: das Fortschreiten der Franzosen in den Niederlanden war bedeutend und durch den Ruf vergrößert, man sprach täglich und stündlich von neu angekommenen Ausgewanderten.

Mein Aufenthalt im Pempelfort war schon lang genug, und ohne die herzlichste Gastfreiheit der Familie hätte jeder glauben müssen, dort lästig zu sein. Auch hatte sich mein Bleiben nur zufällig verlängert: ich erwartete täglich und stündlich meine böhmische Chaise, die ich nicht gern zurücklassen wollte; sie war von Trier schon in Koblenz angekommen und sollte von dort bald weiter herab spediert werden; da sie jedoch ausblieb, vermehrte sich die Ungeduld, die mich in den letzten Tagen ergriffen hatte. Jacobi überließ mir einen bequemen, obgleich an Eisen ziemlich schweren Reisewagen. Alles zog, wie man hörte, nach Westfalen hinein, und die Brüder des Königs wollten dort ihren Sitz aufschlagen.

Und so schied ich denn mit dem wunderlichsten Zwiespalt: die Neigung hielt mich in dem freundlichsten Kreis, der sich soeben auch höchst beunruhigt fühlte, und ich sollte die edelsten Menschen in Sorgen und Verwirrung hinter mir lassen, bei schrecklichem Weg und Wetter mich nun wieder in die wilde, wüste Welt hinauswagen, von dem Strom mit fortgezogen der unaufhaltsam eilenden Flüchtlinge, selbst mit Flüchtlingsgefühl.

Und doch hatte ich Aussicht unterwegs auf die angenehmste Einkehr, indem ich so nahe bei Münster die Fürstin Gallitzin nicht umgehen durfte.

Duisburg, November.

Und so fand ich mich denn abermals, nach Verlauf von vier Wochen, zwar viele Meilen weit entfernt von dem Schauplatz unseres ersten Unheils, doch wieder in derselben Gesellschaft, in demselben Gedränge der Emigrierten, die nun, jenseits entschieden vertrieben, diesseits nach Deutschland strömten, ohne Hilfe und ohne Rat.

Zu Mittag in dem Gasthof etwas spät angekommen, saß ich am Ende der langen Tafel; Wirt und Wirtin, die mir als einem Deutschen den Widerwillen gegen die Franzosen schon ausgesprochen hatten, entschuldigten, dass alle guten Plätze von diesen unwillkommenen Gästen besetzt seien. Hierbei wurde bemerkt, dass unter ihnen, trotz aller Erniedrigung, Elend und zu befürchtender Armut, noch immer dieselbe Rangsucht und Unbescheidenheit gefunden werde.

Indem ich nun die Tafel hinaufsah, erblickt' ich ganz oben, quer vor, an der ersten Stelle einen alten, kleinen, wohlgestalteten Mann von ruhigem, beinahe nichtigem Betragen. Er musste vornehm sein, denn zwei Nebensitzende erwiesen ihm die größte Aufmerksamkeit, wählten die ersten und besten Bissen, ihm vorzulegen, und man hätte beinahe sagen können, dass sie ihm solche zum Mund führten. Mir bleib nicht lange verborgen, dass er, vor Alter seiner Sinne kaum mächtig, als ein bedauernswürdiges Automat den schatten eines früheren wohlhabenden und ehrenvollen Lebens kümmerlich durch die Welt schleppe, indessen zwei Ergebene ihm den Traum des vorigen Zustandes wieder herbeizuspiegeln trachteten.

Ich beschaute mir die übrigen: das bedenklichste Schicksal war auf allen Stirnen zu lesen, Soldaten, Kommissäre, Abenteurer vielleicht zu unterscheiden; alle waren still, denn jeder hatte sein eigene Not zu übertragen, sie sahen ein grenzenloses Elend vor sich.

Etwa in der Hälfte des Mittagmahles kam noch ein hübscher junger Mann herein, ohne ausgezeichnete Gestalt oder irgendein Abzeichen; man konnte an ihm den Fußwanderer nicht verkennen. Er setzte sich still gegen mir über, nachdem er den Wirt um ein Kuvert begrüßt hatte, und speiste, was man ihm nachholte und vorsetzte, mit ruhigem Betragen. Nach aufgehobener Tafel trat ich zum Wirt, der mir ins Ohr sagte: "Ihr Nachbar soll seine Zeche nicht teuer bezahlen!" Ich begriff nichts von diesen Worten, aber als der junge Mann sich näherte und fragte: was er schuldig sei? erwiderte der Wirt, nachdem er sich flüchtig über die Tafel umgeschaut, die Zeche sei ein Kopfstück. Der Fremde schien beteten und sagte, das sei wohl ein Irrtum, denn er habe nicht allein ein gutes Mittagsessen gehabt, sondern auch einen Schoppen Wein; das müsse mehr betragen. Der Wirt antwortete darauf ganz ernsthaft, er pflege seine Rechnung selbst zu machen, und die Gäste erlegten gerne, was er forderte. Nun zahlte der junge Mann, entfernte sich bescheiden und verwundert; sogleich aber löste mir der Wirt das Rätsel. "Dies ist der erste von diesem vermaledeiten

Volk," rief er aus, "der Schwarzbrot gegessen hat: das musste ihm zugute kommen."

In Duisburg wusst' ich einen einzigen alten Bekannten, den ich aufzusuchen nicht versäumte: Professor Plessing war es, mit dem sich vor vielen Jahren ein sentimental-romanhaftes Verhältnis anknüpfte, wovon ich hier das Nähere mitteilen will, da unsere Abendunterhaltung dadurch aus den unruhigsten Zeiten in die friedlichsten Tage versetzt wurde.

"Werther," bei seinem Erscheinen in Deutschland, hatte keineswegs, wie man ihm vorwarf, eine Krankheit, ein Fieber erregt, sondern nur das Übel aufgedeckt, das in jungen Gemütern verborgen lag. Während eines langen und glücklichen Friedens hatte sich eine literarisch-ästhetische Ausbildung auf deutschem Grund und Boden, innerhalb der Nationalsprache, auf das schönste entwickelt; doch gesellte sich bald, weil der Bezug nur aufs Innere ging, eine gewisse Sentimentalität hinzu, bei deren Ursprung und Fortgang man den Einfluss von Yorik-Sterne nicht verkennen darf: wenn auch sein Geist nicht über den Deutschen schwebte, so teilte sich sein Gefühl um desto lebhafter mit. Es entstand eine Art zärtlich-leidenschaftlicher Asketik, welche, da uns die humoristische Ironie des Briten nicht gegeben war, in eine leidige Selbstquälerei gewöhnlich ausarten musste. Ich hatte mich persönlich von diesem Übel zu befreien gesucht und trachtete nach meiner Überzeugung andern hilfreich zu sein; das aber war schwerer, als man denken konnte: denn eigentlich kam es drauf an, einem jeden gegen sich selbst beizustehen, wo denn von aller Hilfe, wie sie uns die äußere Welt anbietet, es sei Erkenntnis, Belehrung, Beschäftigung, Begünstigung, die Rede gar nicht sein konnte.

Hier müssen wir nun gar manche, damals mit einwirkende Tätigkeiten stillschweigend übergehen, aber zu unseren Zwecken macht sich nötig, eines andern großen, für sich waltenden Bestrebens umständlicher zu gedenken.

Lavaters Physiognomik hatte dem sittlich-geselligen Interesse eine ganz andere Wendung verliehen. Er fühlte sich im Besitz der geistigsten Kraft, jene sämtlichen Eindrücke zu deuten, welche des Menschen Gesicht und Gestalt auf einen jeden ausübt, ohne dass er sich davon Rechenschaft zu geben wüsste; da er aber nicht geschaffen war, irgendeine Abstraktion methodisch zu suchen, so heilt er sich am einzelnen Fall und also am Individuum.

Heinrich Lips, ein talentvoller junger Künstler, besonders geeignet zum Porträt, schloss sich fest an ihn, und sowohl zu Haus als auf der unternommenen Rheinreise kam er seinem Gönner nicht von der Seite. Nun ließ Lavater, teils aus Heißhunger nach grenzenloser Erfahrung, teils umso viel bedeutende Menschen als möglich an sein künftiges Werk zu gewöhnen und zu knüpfen, alle Personen abbilden, die nur einigermaßen durch Stand und Talent, durch Charakter und Tat ausgezeichnet ihm begegneten.

Dadurch kam denn freilich gar manches Individuum zur Evidenz, es ward etwas mehr wert, aufgenommen in einen so edlen Kreis; seine Eigenschaften wurden durch den deutsamen Meister hervorgehoben, man glaubte, sich einander näher zu kennen: und so ergab sich's aufs sonderbarste, dass mancher einzelne in seinem persönlichen Wert entschieden hervortrat, der sich bisher im bürgerlichen Lebens- und Staatsgang ohne Bedeutung eingeordnet und eingeflochten gesehen.

Diese Wirkung war stärker und größer, als man sie denken

mag: ein jeder fühlte sich berechtigt, von sich selbst, als von einem abgeschlossenen, abgerundeten Wesen, das Beste zu denken, und in seiner Einzelheit vollständig gekräftigt, hielt es ich auch wohl für befugt, Eigenheiten, Torheiten und Fehler in den Komplex seines werten Daseins mit aufzunehmen. Dergleichen erfolg konnte sich umso leichter entwickeln, als bei dem ganzen Verfahren die besondere individuelle Natur allein, ohne Rücksicht auf die allgemeine Vernunft, die doch alle Natur beherrschen soll, zur Sprache kam; dagegen war das religiöse Element, worin Lavater schwebte, nicht hinreichend, eine sich immer mehr entscheidende Selbstgefälligkeit zu mildern, ja es entstand bei Frommgesinnten daraus eher ein geistlicher Stolz, der es dem natürlichen an Erhebung auch wohl zuvortrat.

Was aber zugleich nach jener Epoche folgerecht auffallend hervorging, war die Achtung der Individuen untereinander. Namhafte ältere Männer wurden, wo nicht persönlich, doch im Bild verehrt; und es durfte auch wohl ein junger Mann sich nur einigermaßen bedeutend hervortun, so war alsbald der Wunsch nach persönlicher Bekanntschaft rege, in deren Ermangelung man sich mit seinem Porträt begnügte; wobei denn die mit Sorgfalt und gutem Geschick aufs genauste gezogenen Schattenriss willkommene Dienste leisteten. Jedermann war darin geübt, und kein Fremder zog vorüber, den man nicht abends an die Wand geschrieben hätte; die Storchschnäbel durften nicht rasten.

"Menschenkenntnis und Menschenliebe" waren uns bei diesem Verfahren versprochen; wechselseitige Teilnahme hatte sich entwickelt, wechselseitiges Kennen und Erkennen aber wollte sich so schnell nicht entfalten: zu beiden Zwecken jedoch war die Tätigkeit sehr groß, und was in diesem Sinn von einem herrlich begabten jungen Fürsten, von seiner wohlgesinnten, geistreich-lebhaften Umgebung für Aufmunterung und Fördernis nah und fern gewirkt ward, wäre schon zu erzählen, wenn es nicht löblich schiene, die Anfänge bedeutender Zustände einem ehrwürdigen Dunkel anheim zu geben. Vielleicht sahen die Kotyledonen jener Saat etwas wunderlich aus; der Ernte jedoch, woran das Vaterland und die Außenwelt ihren Anteil freudig dahin nahm, wird in den spätesten Zeiten noch immer ein dankbares Andenken nicht ermangeln.

Wer Vorgesagtes in Gedanken festhält und sich davon durchdringt, wird nachstehendes Abenteuer, welches beide Teilnehmende unter dem Abendessen vergnüglich in der Erinnerung belebten, weder unwahrscheinlich noch ungereimt finden.

Zu manchem andern, brieflichen und persönlichen Zudrang erheilt ich in der Hälfte des Jahrs 1776, von Wernigerode datiert, Plessing unterzeichnet, ein Schreiben, vielmehr ein Heft, fast das Wunderbarste, was mir in jener selbstquälerischen Art vor Augen gekommen: man erkannte daran einen jungen, durch Schulen und Universität gebildeten Mann, dem nun aber sein sämtlich Gelerntes zu eigener innerer, sittlicher Beruhigung nicht gedeihen wollte. Eine geübte Handschrift war gut zu lesen, der Stil gewandt und fließend, und ob man gleich eine Bestimmung zum Kanzelredner darin entdeckte, so war doch alles frisch und brav aus dem Herzen geschrieben, dass man ihm einen gegenseitigen Anteil nicht versagen konnte. Wollte nun aber dieser Anteil lebhaft werden, suchte man sich die Zustände des Leidenden näher zu entwickeln, so glaubte man statt des Duldens Eigensinn, statt des Ertragens Hartnäckigkeit und statt eines sehnsüchtigen Verlangens abstoßendes Wegweisen zu bemerken. Da ward mir denn, nach jenem Zeitsinn, der Wunsch lebhaft rege, diesen jungen Mann von Angesicht zu sehen; ihn aber zu mir zu bescheiden, hielt ich nicht für rätlich. Ich hatte mir, unter bekannten Umständen, schon eine Zahl von jungen Männern aufgebürdet, die, anstatt mit mir auf meinem Wege einer reineren, höheren Bildung entgegenzugehen, auf dem ihrigen verharrend, sich nicht besser befanden und mich in meinen Fortschritten hinderten. Ich ließ die Sache indessen hängen, von der Zeit irgendeine Vermittelung erwartend.

Da erhielt ich einen zweiten, kürzern, aber auch lebhafteren, heftigeren Brief, worin der Schreiber auf Antwort und Erklärung drang und, sie ihm nicht zu versagen, mich feierlichst beschwor.

Aber auch dieser wiederholte Sturm brachte mich nicht aus der Fassung; die zweiten Blätter gingen mir so wenig als die ersten zu Herzen, aber die herrische Gewohnheit, jungen Männern meines Alters in Herzens- und Geistesnöten beizustehen, ließ mich sein doch nicht ganz vergessen.

Die um einen trefflichen jungen Fürsten versammelte weimarsche Gesellschaft trennte sich nicht leicht, ihre Beschäftigungen und Unternehmungen, Scherze, Freuden und Leiden waren gemeinsam. Da ward nun zu Ende Novembers eine Jagdpartie auf wilde Schweine, notgedrungen auf das häufige Klagen des Landvolks, im Eisenachschen unternommen, der ich, als damaliger Gast, auch beizuwohnen hatte; ich erbat mir jedoch die Erlaubnis, nach einem kleinen Umweg mich anschließen zu dürfen.

Nun hatte ich einen wundersamen geheimen Reiseplan. Ich musste nämlich, nicht nur etwa von Geschäftsleuten, sondern auch von vielen am Ganzen teilnehmenden Weimarern öfter den lebhaften Wunsch hören, es möge doch das Ilmenauer Bergwerk wieder aufgenommen werden. Nun ward von mir, der ich nur die allgemeinsten Begriffe vom Bergbau allenfalls besaß, zwar weder Gutachten noch

Meinung, doch Anteil verlangt, aber diesen konnt' ich an irgendeinem Gegenstand nur durch unmittelbares Anschauen gewinnen. Ich dachte mir unerlässlich, vor allen Dingen das Bergewesen in seinem ganzen Komplex, und wär' es auch nur flüchtig, mit Augen zu sehen und mit dem Geiste zu fassen; denn alsdann nur konnt' ich hoffen, in das Positive weiter einzudringen und mich mit dem Historischen zu befreunden. Deshalb hatt' ich mir längst eine Reise auf den Harz gedacht. Und gerade jetzt, da ohnehin diese Jahrszeit in Jagdlust unter freiem Himmel zugebracht werden sollte, fühlte ich mich dahin getrieben. Alles Winterwesen hatte überdies in jener Zeit für mich große Reize, und was die Bergwerke betraf, so war ja in ihren Tiefen weder Winter noch Sommer merkbar; wobei ich zugleich gern bekenne, dass die Absicht, meinen wunderlichen Korrespondenten persönlich zu sehen und zu prüfen, wohl die Hälfte des Gewichtes meinem Entschluss hinzufügte.

Indem sich nun die Jagdlustigen nach einer andern Seite hin begaben, ritt ich ganz allein dem Ettersberge zu und begann jene Ode, die unter dem Titel "Harzreise im Winter" solange als Rätsel unter meinen kleineren Gedichten Platz gefunden. Im düstern und von Norden her sich heranwälzenden Schneegewölk schwebte hoch ein Geier über mir. Die Nacht verblieb ich in Sondershausen und gelangte des andern Tags so bald nach Nordhausen, dass ich gleich nach Tisch weiter zu gehen beschloss, aber mit Boten und Laterne nach mancherlei Gefährlichkeiten erst sehr spät in Ilfeld ankam.

Ein ansehnlicher Gasthof war glänzend erleuchtet, es schien ein besonderes Fest darin gefeiert zu werden. Erst wollte der Wirt mich gar nicht aufnehmen: die Kommissarien der höchsten Höfe, hieß es, seien schon lange hier beschäftigt, wichtige Einrichtungen zu treffen und verschiedene

Interessen zu vereinbaren, und da dies nun glücklich vollendet sei, gäben sie heute Abend einen allgemeinen Schmaus. Auf dringende Vorstellung jedoch und einige Winke des Boten, dass man mit mir nicht übel fahre, erbot sich der Mann, mir den Bretterverschlag in der Wirtsstube, seinen eigentlichen Wohnsitz, und zugleich sein weiß zu überziehendes Ehebett einzuräumen. Er führte mich durch das weite, hell erleuchtete Wirtszimmer, da ich mir denn im Vorbeigehen die sämtlichen munteren Gäste flüchtig beschaute.

Doch sie sämtlich zu meiner Unterhaltung näher zu betrachten, gab mir in den Brettern des Verschlags eine Astlücke die beste Gelegenheit, die, seine Gäste zu belauschen, dem Wirte selbst oft dienen mochte. Ich sah die lange und wohl erleuchtete Tafel von unten hinauf, ich überschaute sie, wie man oft die Hochzeit von Kana gemalt sieht; nun musterte ich bequem von oben bis herab also: Vorsitzende, Räte, andere Teilnehmende und dann immer so weiter, Sekretarien, Schreiber und Gehilfen. Ein glücklich geendigtes beschwerliches Geschäft schien eine Gleichheit aller tätig Teilnehmenden zu bewirken, man schwatzte mit Freiheit, trank Gesundheiten, wechselte Scherz und Scherz, wobei einige Gäste bezeichnet schienen, Witz und Spaß an ihnen zu üben; genug, es war ein fröhliches, bedeutendes Mahl, das ich bei dem hellsten Kerzenscheine in seinen Eigentümlichkeiten ruhig beobachten konnte, eben als wenn der hinkende Teufel mir zur Seite stehe und einen ganz fremden Zustand unmittelbar zu beschauen und zu erkennen mich begünstigte. Und wie dies mir nach der düstersten Nachtreise in den Harz hinein ergötzlich gewesen, werden die Freunde solcher Abenteuer beurteilen. Manchmal schien es mir ganz gespensterhaft, als säh' ich in einer Berghöhle wohlgemute Geister sich erlustigen.

Nach einer wohl durchschlafenen Nacht eilte ich frühe, von einem Boten abermals geleitet, der Baumannshöhle zu; ich durchkroch sie und betrachtete mir das fortwirkende Naturereignis ganz genau. Schwarze Marmormassen, aufgelöst, zu weißen kristallinischen Säulen und Flächen wieder hergestellt, deuteten mir auf das fortwebende Leben der Natur. Freilich verschwanden vor dem ruhigen Blick alle die Wunderbilder, die sich eine düster wirkende Einbildungskraft so gern aus formlosen Gestalten erschaffen mag; dafür blieb aber auch das eigne wahre desto reiner zurück, und ich fühlte mich dadurch gar schön bereichert.

Wieder ans Tageslicht gelangt, schrieb ich die notwendigsten Bemerkungen, zugleich aber auch mit ganz frischem Sinn die ersten Strophen des Gedichtes, das unter dem Titel "Harzreise im Winter" die Aufmerksamkeit mancher Freunde bis auf die letzten Zeiten erregt hat; davon mögen denn die Strophen, welche sich auf den nun blad zu erblickenden wunderlichen Mann beziehen, hier Platz finden, weil sie mehr als viele Worte den damaligen liebevollen Zustand meines Innern auszusprechen geeignet sind.

    Aber abseits, wer ist's?
    Ins Gebüsch verliert sich sein Pfad,
    Hinter ihm schlagen
    Die Sträuche zusammen,
    Das Gras steht wieder auf,
    Die Öde verschlingt ihn.

    Ach, wer heilt die Schmerzen
    Des, dem Balsam zu Gift ward?
    Der sich Menschenhass
    Aus der Fülle der Liebe trank?
    Erst verachtet, nun ein Verächter,
    Zehrt er heimlich auf
    Seinen eignen Wert

In ungenügender Selbstsucht.

Ist auf deinem Psalter,
Vater der Liebe, ein Ton
Seinem Ohre vernehmlich,
So erquicke sein Herz!
Öffne den umwölkten Blick
Über die tausend Quellen
Neben dem Dürstenden
In der Wüste!

Im Gasthof zu Wernigerode angekommen, ließ ich mich mit dem Kellner in ein Gespräch ein; ich fand ihn als einen sinnigen Menschen, der seine städtischen Mitgenossen ziemlich zu kennen schien. Ich sagt' ihm darauf, es sei meine Art, wenn ich an einem fremden Ort ohne besondere Empfehlung anlangte, mich nach jüngern Personen zu erkundigen, die sich durch Wissenschaft und Gelehrsamkeit auszeichneten; er möge mir daher jemanden der Art nennen, damit ich einen angenehmen Abend zubrächte. Darauf erwiderte ohne weiteres Bedenken der Kellner: es werde mir gewiss mit der Gesellschaft des Herrn Plessing gedient sein, dem Sohn des Superintendenten; als Knabe sei er schon in Schulen ausgezeichnet worden und habe noch immer den Ruf eines fleißigen guten Kopfs, nur wolle man seine finstere Lauen tadeln und nicht gut finden, dass er mit unfreundlichem Betragen sich aus der Gesellschaft ausschließe. Gegen Fremde sei er zuvorkommend, wie Beispiele bekannt wären; wollte ich angemeldet sein, so könne es sogleich geschehen.

Der Kellner brachte mir bald eine bejahende Antwort und führte mich hin. Es war schon Abend geworden, als ich in ein großes Zimmer des Erdgeschosses, wie man es in geistlichen Häusern antrifft, hineintrat und den jungen Mann in der Dämmerung noch ziemlich deutlich erblickte.

Allein an einigen Symptomen konnt' ich bemerken, dass die Eltern eilig das Zimmer verlassen hatten, um dem unvermuteten Gast Platz zu machen.

Das hereingebrachte Licht ließ mich den jungen Mann nunmehr ganz deutlich erkennen: er glich seinem Brief völlig, und so wie jenes Schreiben erregte er Interesse, ohne Anziehungskraft auszuüben.

Um ein näheres Gespräch einzuleiten, erklärt' ich mich für einen
Zeichenkünstler von Gotha, der wegen Familienangelegenheiten in
dieser unfreundlichen Jahrszeit Schwester und Schwager in Braunschweig zu besuchen habe.

Mit Lebhaftigkeit fiel er mir beinahe ins Wort und rief aus: "Da Sie so nahe an Weimar wohnen, so werden Sie doch auch diesen Ort, der sich so berühmt macht, öfters besucht haben!" Dieses bejaht' ich ganz einfach und fing an, von Rat Kraus, von der Zeichenschule, von Legationsrat Bertuch und dessen unermüdeter Tätigkeit zu sprechen; ich vergaß weder Musäus noch Jagemann, Kapellmeister Wolf und einige Frauen und bezeichnete den Kreis, den diese wackern Personen abschlossen und jeden Fremden willig und freundlich unter sich aufnahmen.

Endlich fuhr er etwas ungeduldig heraus: "Warum nennen Sie denn Goethe nicht?" Ich erwiderte, dass ich diesen auch wohl in gedachtem Kreis als willkommenen Gast gesehen und von ihm selbst persönlich als fremder Künstler wohl aufgenommen und gefördert worden, ohne dass ich weiter viel von ihm zu sagen wisse, da er teils allein, teils in andern Verhältnissen lebe.

Der junge Mann, der mit unruhiger Aufmerksamkeit

zugehört hatte, verlangte nunmehr, mit einigem Ungestüm, ich solle ihm das seltsame Individuum schildern, das so viel von sich reden mache. Ich trug ihm darauf mit großer Ingenuität eine Schilderung vor, die für mich nicht schwer wurde, da die seltsame Person in der seltsamsten Lage mir gegenwärtig stand, und wäre ihm von der Natur nur etwas mehr Herzenssagazität gegönnt gewesen, so konnte ihm nicht verborgen bleiben, dass der vor ihm stehende Gast sich selbst schildere.

Er war einige Mal im Zimmer auf und ab gegangen, indes die Magd herein trat, eine Flasche Wein und sehr reinlich bereitetes kaltes Abendbrot auf den Tisch setzte; er schenkte beiden ein, stieß an und schluckte das Glas sehr lebhaft hinunter. Und kaum hatte ich mit etwas gemäßigteren Zügen das meinige geleert, ergriff er heftig meinen Arm und rief: "O verzeihen Sie meinem wunderlichen Betragen! Sie haben mir aber so viel Vertrauen eingeflößt, dass ich Ihnen alles entdecken muss. Dieser Mann, wie Sie mir ihn beschreiben, hätte mir doch antworten sollen! Ich habe ihm einen ausführlichen, herzlichen Brief geschickt, ihm meine Zustände, meine Leiden geschildert, ihn gebeten, sich meiner anzunehmen, mir zu raten, mir zu helfen, und nun sind schon Monate verstrichen, ich vernehme nichts von ihm; wenigstens hätte ich ein ablehnendes Wort auf ein so unbegrenztes Vertrauen wohl verdient."

Ich erwiderte darauf, dass ich ein solches Benehmen weder erklären noch entschuldigen könne; so viel wisse ich aber aus eigener Erfahrung, dass ein gewaltiger, sowohl ideeller als reeller Zudrang diesen sonst wohlgesinnten, wohlwollenden und hilfsbereiten jungen Mann oft außerstand setze, sich zu bewegen, geschweige zu wirken.

"Sind wir zufällig so weit gekommen," sprach er darauf mit einiger Fassung, "den Brief muss ich Ihnen vorlesen, und Sie sollen urteilen, ob er nicht irgendeine Antwort, irgendeine Erwiderung verdiente."

Ich ging im Zimmer auf und ab, die Vorlesung zu erwarten, ihrer Wirkung schon beinahe ganz gewiss, deshalb nicht weiter nachdenkend, um mir selbst in einem so zarten Fall nicht vorzugreifen. Nun saß er gegen mir über und fing an, die Blätter zu lesen, die ich in- und auswendig kannte, und vielleicht war ich niemals mehr von der Behauptung der Physiognomisten überzeugt, ein lebendiges Wesen sei in allem seinem Handeln und Betragen vollkommen übereinstimmend mit sich selbst, und jede in die Wirklichkeit hervorgetretene Monas erzeige sich in vollkommener Einheit ihrer Eigentümlichkeiten. Der Lesende passte völlig zu dem Gelesenen, und wie dieses früher in der Abwesenheit mich nicht ansprach, so war es nun auch mit der Gegenwart. Man konnte zwar dem jungen Mann eine Achtung nicht versagen, eine Teilnahme, die mich denn auch auf einen so wunderlichen Weg geführt hatte: denn ein ernstliches Wollen sprach sich aus, ein edler Sinn und Zweck; aber obschon von den zärtlichsten Gefühlen die Rede war, blieb der Vortrag ohne Anmut, und eine ganz eigens beschränkte Selbstigkeit tat sich kräftig hervor. Als er nun geendet hatte, fragte er mit Hast, was ich dazu sage? Und ob ein solches Schreiben nicht eine Antwort verdient, ja gefordert hätte?

Indessen war mir der bedauernswürdige Zustand dieses jungen Mannes immer deutlicher geworden: er hatte nämlich von der Außenwelt niemals Kenntnis genommen, dagegen sich durch Lektüre mannigfaltig ausgebildet, alle seine Kraft und Neigung aber nach innen gewendet und sich auf diese Weise, da er in der Tiefe seines Lebens kein produktives Talent fand, so gut als zugrunde gerichtet; wie ihm denn sogar Unterhaltung und Trost, dergleichen uns aus der Beschäftigung mit alten Sprachen so herrlich zu gewinnen offen steht, völlig abzugehen schien.

Da ich an mir und andern schon glücklich erprobt hatte, dass in solchem Falle ein rasche gläubige Wendung gegen die Natur und ihre grenzenlose Mannigfaltigkeit das beste Heilmittel sei, so wagt' ich alsobald den Versuch, es auch in diesem Fall anzuwenden und ihm daher nach einigem Bedenken folgendermaßen zu antworten:

"Ich glaube zu begreifen, warum der junge Mann, auf den Sie so viel Vertrauen gesetzt, gegen Sie stumm geblieben: denn seine jetzige Denkweise weicht zu sehr von der Ihrigen ab, als dass er hoffen dürfte, sich mit Ihnen zu verständigen zu können. Ich habe selbst einigen Unterhaltungen in jenem Kreis beigewohnt und behaupten hören: man werde sich aus einem schmerzlichen, selbstquälerischen, düsteren Seelenzustand nur durch Naturbeschauung und herzliche Teilnahme an der äußeren Welt retten und befreien. Schon die allgemeinste Bekanntschaft mit der Natur, gleichviel von welcher Seite, ein tätiges Eingreifen, sei es als Gärtner oder Landbewohner, als Jäger oder Bergmann, ziehe uns von uns selbst ab; die Richtung geistiger Kräfte auf wirkliche, wahrhafte Erscheinungen gebe nach und nach das größte Behagen, Klarheit und Belehrung; wie denn der Künstler, der sich treu an der Natur halte und zugleich sein Inneres auszubilden suche, gewiss am besten fahren werde."

Der junge Freund schien darüber sehr unruhig und ungeduldig, wie man über eine fremde oder verworrene Sprache, deren Sinn wir nicht vernehmen, ärgerlich zu werden anfängt. Ich darauf, ohne sonderliche Hoffnung eines glücklichen Erfolges, eigentlich aber um nicht zu verstummen, fuhr zu reden fort. "Mir, als Landschaftsmaler," sagte ich, "musste dies zu allererst einleuchten, da ja meine Kunst unmittelbar auf die Natur gewiesen ist; doch habe ich seit jener Zeit emsiger und eifriger als bisher nicht etwa nur ausgezeichnete und auffallende Naturbilder und Erscheinungen betrachtet, sondern mich zu allem und jedem liebevoll hingewendet." Damit ich mich nun aber nicht ins Allgemeine verlöre, erzählte ich, wie mir sogar diese notgedrungene Winterreise, anstatt beschwerlich zu sein, dauernden Genuss gewährt; ich schilderte ihm, mit malerischer Poesie und doch so unmittelbar und natürlich, als ich nur konnte, den Vorschritt meiner Reise, jenen morgendlichen Schneehimmel über den Bergen, die mannigfaltigsten Tageserscheinungen, dann bot ich seiner Einbildungskraft die wunderlichen Turm- und Mauerbefestigungen von Nordhausen, gesehen bei hereinbrechender Abenddämmerung, ferner die nächtlich rauschenden, von des Boten Laterne zwischen Bergschluchten flüchtig erleuchtet blinkenden Gewässer und gelangte sodann zur Baumannshöhle. Hier aber unterbrach er mich lebhaft und versicherte, der kurze Weg, den er daran gewendet, gereue ihn ganz eigentlich; sie habe keineswegs dem Bild sich gleichgestellt, das er in seiner Phantasie entworfen. Nach dem Vorhergegangenen konnten mich solche krankhafte Symptome nicht verdrießen: denn wie oft hatte ich erfahren müssen, dass der Mensch den Wert einer klaren Wirklichkeit gegen ein trübes Phantom seiner düstern Einbildungskraft von sich ablehnt. Ebenso wenig war ich verwundert, als er auf meine Frage: wie er sich denn die Höhle vorgestellt habe? Eine Beschreibung machte, wie kaum der kühnste Theatermaler den Vorhof des Plutonischen Reiches darzustellen gewagt hätte.

Ich versuchte hierauf noch einige propädeutische Wendungen, als Versuchsmittel einer zu unternehmenden Kur; ich ward aber mit der Versicherung, es könne und solle ihm nichts in dieser Welt genügen, so entschieden abgewiesen, dass mein Innerstes sich zuschloss und ich mein Gewissen durch den beschwerlichen Weg, im Bewusstsein des besten Willens, völlig befreit und mich gegen ihn von jeder weiteren Pflicht entbunden glaubte.

Es war schon spät geworden, als er mir den zweiten, noch heftigern, mir gleichfalls nicht unbekannten brieflichen Erlass vorlesen wolle, doch aber meine Entschuldigung wegen allzu großer Müdigkeit gelten ließ, indem er zugleich eine Einladung auf morgen zu Tisch im Namen der Seinigen dringend hinzufügte; wogegen ich mir die Erklärung auf morgen ganz in der Frühe vorbehielt. Und so schieden wir friedlich und schicklich. Seine Persönlichkeit ließ einen ganz individuellen Eindruck zurück. Er war von mittlerer Größe, seine Gesichtszüge hatten nichts Anlockendes, aber auch nichts eigentlich Abstoßendes, sein düsteres Wesen erschien nicht unhöflich, er konnte vielmehr für einen wohlerzogenen jungen Mann gelten, der sich in der Stille auf Schulen und Akademien zu Kanzel und Lehrstuhl vorbereitet hatte.

Heraustretend fand ich den völlig aufgehellten Himmel von Sternen blinken, Straßen und Plätze mit Schnee überdeckt, blieb auf einem schmalen Steg ruhig stehen und beschaute mir die winternächtliche Welt. Zugleich überdacht' ich das Abenteuer und fühlte mich fest entschlossen, den jungen Mann nicht wieder zu sehen: infolge dessen bestellt' ich mein Pferd auf Tagesanbruch, übergab ein anonymes, entschuldigendes Bleistiftblättchen dem Kellner, dem ich zugleich so viel Gutes und Wahres von dem jungen Mann, den er mir bekannt gemacht, zu sagen wusste; welches denn der gewandte Bursche mit eigner Zufriedenheit gewiss wohl benutzt haben mag.

Nun ritt ich an dem Nordosthang des Harzes, im grimmigen, mich zur Seite bestürmenden Stöberwetter, nachdem ich vorher den Rammelsberg, Messinghütten und die sonstigen Anstalten der Art beschaut und ihre Weise mir eingeprägt hatte, nach Goslar, wovon ich diesmal nicht weiter erzähle, da ich mich künftig mit meinen Lesern darüber umständlich zu unterhalten hoffe.

Ich wüsste nicht, wie viel Zeit vorübergegangen, ohne dass ich etwas weiter von dem jungen Mann gehört hätte, als unerwartet an einem Morgen mir ein Billett ins Gartenhaus bei Weimar zukam, wodurch er sich anmeldete; ich schrieb ihm einige Worte dagegen, er werde mir willkommen sein. Ich erwartete nun einen seltsamen Erkennungsauftritt, allein er blieb, herein tretend, ganz ruhig und sprach: "Ich bin nicht überrascht, Sie hier zu finden; die Handschrift Ihres Billetts rief mir so deutlich jene Züge wieder ins Gedächtnis, die Sie, aus Wernigerode scheidend, mir hinterließen, dass ich keinen Augenblick zweifelte, jenen geheimnisvollen Reisenden abermals hier zu finden."

Schon dieser Eingang war erfreulich, und es eröffnete sich ein trauliches Gespräch, worin er mir seine Lage zu entwickeln trachtete und ich ihm dagegen meine Meinung nicht vorenthielt. Inwiefern sich seine inneren Zustände wirklich gebessert hatten, wüsst' ich nicht mehr anzugeben, es musste aber damit nicht so gar schlimm aussehen, denn wir schieden nach mehreren Gesprächen friedlich und freundlich; nur dass ich sein heftiges Begehren nach leidenschaftlicher Freundschaft und innigster Verbindung nicht erwidern konnte.

Noch eine Zeitlang unterhielten wir ein briefliches Verhältnis; ich kam in den Fall, ihm einige reelle Dienste zu leisten, deren er sich denn auch bei gegenwärtiger Zusammenkunft dankbar erinnerte, sowie denn überhaupt das Zurückschauen in jene früheren Tage beiden Teilen einige angenehme Stunden gewährte. Er, nach wie vor immer nur mit sich selbst beschäftigt, hatte viel zu erzählen und mitzuteilen. Ihm war geglückt, im Lauf der Jahre sich den Rang eines geachteten Schriftstellers zu erwerben, indem er die Geschichte älterer Philosophie ernstlich behandelte, besonders derjenigen, die sich zum Geheimnis neigt, woraus er denn die Anfänge und Urzustände der Menschen abzuleiten trachtete. Seine Bücher, die er mir, wie sie herauskamen, zusendete, hatte ich freilich nicht gelesen; jene Bemühungen lagen zu weit von demjenigen ab, was mich interessierte.

Seine gegenwärtigen Zustände fand ich auch keineswegs behaglich: er hatte Sprach- und Geschichtskenntnisse, die er so lange versäumt und abgelehnt, endlich mit wütender Anstrengung erstürmt und durch dieses geistige Unmaß sein Physisches zerrüttet. Zudem schienen seine ökonomischen Umstände nicht die besten, wenigstens erlaubte sein mäßiges Einkommen ihm nicht, sich sonderlich zu pflegen und zu schonen; auch hatte sich das düstere jugendliche Treiben nicht ganz ausgleichen können: noch immer schien er einem Unerreichbaren nachzustreben, und als die Erinnerung früherer Verhältnisse endlich erschöpft war, so wollte keine eigentlich frohe Mitteilung stattfinden. Meine gegenwärtige Art, zu sein, konnte fast noch entfernter von der seinigen als jemals angesehen werden. Wir schieden jedoch in dem besten Vernehmen, aber auch ihn verließ ich in Furcht und Sorge wegen der drangvollen Zeit.

Den verdienten Merrem besuchte ich gleichfalls, dessen schöne naturhistorische Kenntnisse alsbald eine frohere Unterhaltung gewährten. Er zeigte mir manches Bedeutende vor, schenkte mir sein Werk über die Schlangen, und so ward ich aufmerksam auf seinen weitern Lebensgang, woraus mir mancher Nutzen erwuchs; denn das ist der höchst erfreuliche Vorteil von Reisen, dass einmal erkannte

Persönlichkeiten und Lokalitäten unsern Anteil zeitlebens nicht loslassen.

Münster, November 1792.

Der Fürstin angemeldet, hoffte ich gleich den behaglichsten Zustand, allein ich sollte noch vorher eine zeitgemäße Prüfung erdulden: denn, auf der Fahrt von mancherlei Hindernissen aufgehalten, gelangte ich erst tief in der Nacht zur Stadt. Ich heilt nicht für schicklich, durch einen solchen Überfall gleich beim Eintritt die Gastfreundschaft in diesem Grad zu prüfen; ich fuhr daher an einen Gasthof, wo mir aber Zimmer und Bett durchaus versagt wurde: die Emigrierten hatten sich in Masse auch hierher geworfen und jeden Winkel gefüllt. Unter diesen Umständen bedachte ich mich nicht lange und brachte die Stunden auf einem Stuhl in der Wirtsstube hin, immer noch bequemer als vor kurzem, da beim dichtesten Regenwetter von Dach und Fach nichts zu finden war.

Auf diese geringe Entbehrung erfuhr ich den andern Morgen das Allerbeste. Die Fürstin ging mir entgegen, ich fand in ihrem Haus zu meiner Aufnahme alles vorbereitet. Das Verhältnis von meiner Seite war rein, ich kannte die Glieder des Zirkels früher genugsam, ich wusste, dass ich in einen frommen sittlichen Kreis herein trat, und betrug mich darnach. Von jener Seite benahm man sich gesellig, klug und nicht beschränkend.

Die Fürstin hatte uns vor Jahren in Weimar besucht, mit von Fürstenberg und Hemsterhuis; auch ihre Kinder waren von der Gesellschaft. Damals verglich man sich schon über gewisse Punkte und schied, einiges zugeben, anderes duldend, im besten Vernehmen. Sie war eines der

Individuen, von denen man sich gar keinen Begriff machen kann, wenn man sie nicht gesehen hat, die man nicht richtig beurteilt, wenn man eben diese Individualität nicht in Verbindung sowie im Konflikt mit ihrer Zeitumgebung betrachtet. Von Fürstenberg und Hemsterhuis, zwei vorzügliche Männer, begleiteten sie treulich, und in einer solchen Gesellschaft war das Gute sowie das Schöne immerfort wirksam und unterhaltend. Letzterer war indessen gestorben, jener, nunmehr umso viel Jahre älter, immer derselbe verständige, edle, ruhige Mann; und welche sonderbare Stellung in der Mitwelt! Geistlicher, Staatsmann, so nahe, den Fürstenthron zu besteigen.

Die ersten Unterhaltungen, nachdem das persönliche Andenken früherer Zeit sich ausgesprochen hatte, wandten sich auf Hamann, dessen Grab, in der Ecke des entlaubten Gartens, mir bald in die Augen schien.

Seine großen, unvergleichlichen Eigenschaften gaben zu herrlichen Betrachtungen Anlass, seine letzten Tage jedoch bleiben ungesprochen: der Mann, der diesem endlich erwählten Kreis so bedeutend und erfreulich gewesen, ward im Tod den Freunden einigermaßen unbequem; man machte sich über sein Begräbnis entscheiden, wie man wollte, so war es außer der Regel.

Den Zustand der Fürstin, nahe gesehen, konnte man nicht anders als liebevoll betrachten: sie kam früh zum Gefühl, dass die Welt uns nichts gebe, dass man sich in sich selbst zurückziehen, dass man in einem innern, beschränkten Kreis um Zeit und Ewigkeit besorgt sein müsse. Beides hatte sie erfasst; das höchste Zeitliche fand sie im Natürlichen, und hier erinnere man sich Rousseauscher Maximen über bürgerliches Leben und Kinderzucht. Zum einfältigen Wahren wollte man in allem zurückkehren, Schnürbrust und Absatz verschwanden, der Puder zerstob, die Haare fielen in natürlichen Locken. Ihre Kinder lernten schwimmen und rennen, vielleicht auch balgen und ringen. Diesmal hätte ich die Tochter kaum wieder gekannt. Sie war gewachsen und stämmiger geworden, ich fand sie verständig, liebenswert, haushälterisch, dem halb klösterlichen Leben sich fügend und widmend. So war es mit dem zeitlich Gegenwärtigen; das ewige Künftige hatten sie in einer Religion gefunden, die das, was andere lehrend hoffen lassen, heilig beteuernd zusagt und verspricht.

Aber als die schönste Vermittlung zwischen beiden Welten entsprosste Wohltätigkeit, die mildeste Wirkung einer ernsten Aszetik: das Leben füllte sich aus mit Religionsübung und wohl tun; Mäßigkeit und Genügsamkeit sprach sich aus in der ganzen häuslichen Umgebung; jedes tägliche Bedürfnis ward reichlich und einfach befriedigt, die Wohnung selbst aber, Hausrat und alles, dessen man sonst benötigt ist, erschien weder elegant noch kostbar; es sah eben aus, als wenn man anständig zur Miete wohne. Eben dies galt von Fürstenbergs häuslicher Umgebung: er bewohnte einen Palast, aber einen fremden, den er seinen Kindern nicht hinterlassen sollte. Und so bewies er sich in allem sehr einfach, mäßig, genügsam, auf innerer Würde beruhend, alles Äußere verschmähend, so wie die Fürstin auch.

Innerhalb dieses Elementes bewegte sich die geistreichste, herzlichste Unterhaltung, ernsthaft, durch Philosophie vermittelt, heiter durch Kunst, und wenn man bei jener selten von gleichen Prinzipien ausgeht, so freut man sich, bei dieser meist Übereinstimmung zu finden.

Hemsterhuis, Niederländer, fein gesinnt, zu den Alten von Jugend auf
gebildet, hatte sein Leben der Fürstin gewidmet, sowie seine Schriften, die durchaus von wechselseitigem Vertrauen und

gleichem
Bildungsgang das unverwüstlichste Zeugnis ablegen.

Mit eigener scharfsinniger Zartheit wurde dieser schätzenswerte Mann dem Geistig-Sittlichen sowie dem Sinnlich-Ästhetischen unermüdet nachzustreben geleitet. Muss man von jenem sich durchdringen, so soll man von diesem immer umgeben sein; daher ist für einen Privatmann, der sich nicht in großen Räumen ergehen und selbst auf Reisen einen gewohnten Kunstgenuss nicht entbehren kann, eine Sammlung geschnittener Steine höchst wünschenswert: ihn begleitet überall das Erfreulichste, ein belehrendes Kostbares ohne Belästigung, und er genießt ununterbrochen des edelsten Besitzes.

Um aber dergleichen zu erlangen, ist nicht genug, dass man wolle; zum Vollbringen gehört, außer dem Vermögen, vor allen Dingen Gelegenheit. Unser Freund entbehre dieser nicht: auf der Scheide von Holland und England wohnend, die fortdauernde Handelsbewegung, die darin auch hin und her wogenden Kunstschätze beobachtend, gelangte er nach und nach durch Kauf- und Tauschversuche zu einer schönen Sammlung von etwa siebzig Stücken, wobei ihm Rat und Belehrung des trefflichen Steinschneiders Natter für die sicherste Beihilfe galt.

Diese Sammlung hatte die Fürstin zum größten Teil entstehen sehen,
Einsicht, Geschmack und Liebe daran gewonnen und besaß sie nun als
Nachlass eines abgeschiedenen Freundes, der in diesen Schätzen immer
als gegenwärtig erschien.

Hemsterhuis' Philosophie, die Fundamente derselben, seinen Ideengang konnt' ich mir nicht anders zu eigen machen, als wenn ich sie in meine Sprach übersetzte. Das Schöne und das an demselben Erfreuliche sei, so sprach er sich aus, wenn wir die größte Menge von Vorstellungen in einem Moment bequem erblicken und fassen; ich aber musste sagen: das Schöne sei, wenn wir das gesetzmäßig Lebendige in seiner größten Tätigkeit und Vollkommenheit schauen, wodurch wir, zur Reproduktion gereizt, uns gleichfalls lebendig und in höchste Tätigkeit versetzt fühlen. Genau betrachtet, ist eins und eben dasselbe gesagt, nur von verschiedenen Menschen ausgesprochen, und ich enthalte mich, mehr zu sagen; denn das Schöne ist nicht sowohl leistend als versprechend, dagegen das Hässliche, aus einer Stockung entstehend, selbst stocken macht und nichts hoffen, begehren und erwarten lässt.

Ich glaubte mir auch den "Brief über die Skulptur" hiernach meinem Sinn gemäß zu deuten; ferner schien mir das Büchlein "Über das Begehren" auf diesem Weg klar: denn wenn das heftig verlangte Schöne in unsern Besitz kommt, so hält es nicht immer im einzelnen, was es im ganzen versprach, und so ist es offenbar, dass dasjenige, was uns als Ganzes aufregte, im einzelnen nicht durchaus befriedigen wird.

Diese Betrachtungen waren umso bedeutender, als die Fürstin ihren Freund heftig nach Kunstwerken verlangen, aber im Besitz erkalten gesehen, was er so scharfsinnig und liebenswürdig in obgemeldetem Büchlein ausgeführt hatte. Dabei hat man freilich den Unterschied zu bedenken, ob der Gegenstand des für ihn empfundenen Enthusiasmus würdig sei: ist er es, so muss Freude und Bewunderung immer daran wachsen, sich stets erneuen; ist er es nicht ganz, so geht das Thermometer um einige Grade zurück, und man gewinnt an Einsicht, was man an Vorurteil verlor. Deshalb es wohl ganz richtig ist, dass man Kunstwerke kaufen müsse, um sie kennen zu lernen, damit das Verlangen aufgehoben und der wahre Wert festgestellt werde. Indessen muss auch hier Sehnsucht und Befriedigung in einem pulsierenden Leben miteinander abwechseln, sich gegenseitig ergreifen und loslassen, damit der einmal Betrogene nicht aufhöre, zu begehren.

Wie empfänglich die Sozietät, in der ich mich befand, für solche
Gespräche sein mochte, wird derjenige am besten beurteilen, der von
Hemsterhuis' Werken Kenntnis genommen hat, welche, in diesem Kreis
entsprungen, ihm auch Leben und Nahrung verdankten.

Zu den geschnittenen Steinen aber wieder zurückzukehren, war mehrmals höchst erfreulich, und man musste dies gewiss als einen der sonderbarsten Fälle ansehen, dass gerade die Blüte des Heidentums in einem christlichen haus verwahrt und hochgeschätzt werden sollte. Ich versäumte nicht, die allerliebsten Motive hervorzuheben, die aus diesen würdigen, kleinen Gebilden dem Auge entgegen sprangen. Auch hier durfte man sich nicht verleugnen, dass Nachahmung großer, würdiger, älterer Werke, die für uns ewig verloren wären, in diesen engen Räumen juwelenhaft aufgehoben worden; und es fehlte fast an keiner Art. Der tüchtigste Herkules, mit Efeu bekränzt, durfte seinen kolossalen Ursprung nicht verleugnen; ein ernstes Medusenhaupt, ein Bacchus, der ehemals im Medicischen Kabinett verwahrt worden, allerliebste Opfer und Bacchanalien und zu allem diesen die schätzbarsten Porträte von bekannten und unbekannten Personen mussten bei wiederholter Betrachtung bewundert werden.

Aus solchen Gesprächen, die ungeachtet ihrer Höhe und Tiefe nicht Gefahr liefen, sich ins Abstruse zu verlieren.

Schien eine Vereinigung hervorzugehen, indem jede Verehrung eines würdigen Gegenstandes immer von einem religiösen Gefühl begleitet ist. Doch konnte man sich nicht verbergen, dass die reinste christliche Religion mit der wahren bildenden Kunst immer sich zwiespältig befinde, weil jene sich von der Sinnlichkeit zu entfernen strebt, diese nun aber das sinnliche Element als ihren eigentlichsten Wirkungskreis anerkennt und darin beharren muss. In diesem Geist schrieb ich nachstehendes Gedicht augenblicklich nieder:

> Amor, nicht das Kind, der Jüngling, der Psychen verführte,
>   Sah im Olympus sich um, frech und der Siege gewohnt;
> Eine Göttin erblickt' er, vor allen die herrlichste Schöne,
>   Venus Urania war's, und er entbrannte für sie.
> Ach! Die Heilige selbst, sie widerstand nicht den Werben,
>   Und der Verwegene hielt fest sie im Arme bestrickt.
> Da entstand aus ihnen ein neuer lieblicher Amor,
>   Der dem Vater den Sinn, Sitte der Mutter verdankt.
> Immer findest du ihn in holder Musen Gesellschaft,
>   Und sein reizender Pfeil stiftet die Liebe der Kunst.

Mit diesem allegorischen Glaubensbekenntnis schien man nicht ganz unzufrieden; indessen blieb es auf sich selbst beruhen, und beide Teile machten sich's zur Pflicht, von ihren Gefühlen und Überzeugungen nur dasjenige hervorzukehren, was gemeinsam wäre und zu wechselseitiger Belehrung und Ergötzung, ohne Widerstreit, gereichen könnte.

Immer aber konnten die geschnittenen Steine als ein herrliches Mittelglied eingeschoben werden, wenn die Unterhaltung irgend lückenhaft zu werden drohte. Ich von meiner Seite konnte freilich nur das Poetische schätzen, das Motiv selbst, Komposition, Darstellung überhaupt beurteilen und rühmen, dagegen die Freunde dabei noch ganz andere Betrachtungen anzustellen gewohnt waren. Denn es ist für den Liebhaber, der solche Kleinodien anschaffen, den Besitz zu einer würdigen Sammlung erheben will, nicht genug zur Sicherheit seines Erwerbs, dass er Geist und Sinn der köstlichen Kunstarbeit einsehe und sich daran ergötze, sondern er muss auch äußerliche Kennzeichen zu Hilfe rufen, die für den, der nicht selbst technischer Künstler im gleichen Fach ist, höchst schwierig sein möchten. Hemsterhuis hatte mit seinem Freunde Natter viele Jahre darüber korrespondiert, wovon sich noch bedeutende Briefe vorfanden. Hier kam nun erst die Steinart selbst zur Sprache, in welcher gearbeitet worden, indem man sich der einen in frühern, der andern in folgenden Zeiten bediente; sodann war vor allen Dingen eine größere Ausführlichkeit im Auge zu halten, wo man auf bedeutende Zieten schließen konnte, so wie flüchtige Arbeit bald auf Geist, teils auf Unfähigkeit, teils auf Leichtsinn hindeutete, frühere oder spätere Epochen zu erkennen gab. Besonders legte man großen Wert auf die Politur vertiefter Stellen und glaubte darin ein unverwerfliches Zeugnis der besten Zeiten zu sehen. Ob aber ein geschnittener Stein entschieden antik oder neu sei, darüber wagte man keine festen Kriterien anzugeben; Freund Hemsterhuis habe selbst nur mit Beistimmung jenes trefflichen Künstlers sich über diesen Punkt zu beruhigen gewusst.

Ich konnte nicht verbergen, dass ich hier in ein ganz frisches Feld gerate, wo ich mich höchst bedeutend angesprochen fühle und nur die Kürze der Zeit bedaure, wodurch ich die Gelegenheit mir abgeschnitten sehe, meine Augen sowohl als den innern Sinn auch auf diese Bedingungen kräftiger zu richten. Bei einem solchen Anlass äußerte sich die Fürstin heiter und einfach: sie sei geneigt, mir die Sammlung mitzugeben, damit ich solche zu Hause mit Freunden und Kennern studieren und mich in diesem bedeutenden Zweig der bildenden Kunst, mit Zuziehung von Schwefel- und Glaspasten, umsehen und bestärken möchte. Dieses Anerbieten, das ich für kein leeres Kompliment halten durfte und für mich höchst reizend war, lehnt' ich jedoch dankbarlichst ab; und ich gestehe, dass mir im Innern die Art, wie diese Schatz aufbewahrt wurde, eigentlich das größte Bedenken gab. Die Ringe waren in einzelnen Kästchen, einer allein, zwei, drei, wie es der Zufall gegeben hatte, nebeneinander gesteckt: es war unmöglich, beim Vorzeigen am Ende zu bemerken, ob wohl einer fehle; wie denn die Fürstin selbst gestand, dass einst, in der besten Gesellschaft ein Herkules abhanden gekommen, den man erst späterhin vermisst habe. Sodann schien es bedenklich genug, in gegenwärtiger Zeit sich mit einem solchen Wert zu beschweren und eine höchst bedeutende, ängstliche Verantwortung zu übernehmen. Ich suchte daher mit der freundlichsten Dankbarkeit die schicklichsten ablehnenden Gründe vorzubringen, welche Einrede die Freundin wohlwollend in Betracht zu ziehen schien, indem ich nun um desto eifriger die Aufmerksamkeit auf diese Gegenstände, insofern es sich nur einigermaßen schicken wollte, zu lenken suchte.

Von meinen Naturbetrachtungen aber, die ich, weil auch wenig Glück für sie hier am Ort zu hoffen war, eher verheimlichte, war ich doch genötigt einige Rechenschaft zu geben. Von Fürstenberg brachte zur Sprache, dass er mit Verwunderung, welche beinahe wie Befremden aussah, hie und da gehört habe, wie ich der Physiognomik wegen die allgemeine Knochenlehre studiere, wovon sich doch schwerlich irgendeien Beihilfe zu Beurteilung der Gesichtszüge des Menschen hoffe lasse. Nun mocht' ich wohl bei einigen Freunden, das für einen Dichter ganz unschicklich gehaltene Studium der Osteologie zu entschuldigen und einigermaßen einzuleiten, geäußert haben, ich sei, wie es denn wirklich auch an dem war, durch Lavaters Physiognomik in dieses Fach wieder eingeführt worden, da ich in meinen akademischen Jahren darin die erste Bekanntschaft gesucht hatte. Lavater selbst, der glücklichste Beschauer organisierter Oberflächen, sah sich, in Anerkennung, dass Muskel- und Hautgestalt und ihre Wirkung von dem entschiedenen inneren Knochengebilde durchaus abhängen müsse, getrieben, mehrere Tierschädel in sein Werk abbilden zu lassen und selbige mir zu einem flüchtigen Kommentar darüber zu empfehlen. Was ich aber gegenwärtig hiervon wiederholen oder in demselben sinn zugunsten meines Verfahrens aufbringen wollte, konnte mir wenig helfen, indem zu jener Zeit ein solcher wissenschaftlicher Grund allzu weit ablag und man, im augenblicklichen geselligen Leben befangen, nur den beweglichen Gesichtszügen, und vielleicht gar nur in leidenschaftlichen Momenten, eine gewisse Bedeutung zugestand, ohne zu bedenken, dass hier nicht etwa bloß ein regelloser Schein wirken könne, sondern dass das Äußere, Bewegliche, Veränderliche als ein wichtiges, bedeutendes Resultat eines innern entschiedenen Lebens betrachtet werden müsse.

Glücklicher als in diesen Vorträgen war ich in Unterhaltung größerer Gesellschaft: geistliche Männer von Sinn und Verstand, heranstrebende Jünglinge, wohlgestaltet und wohlerzogen, an Geist und Gesinnung viel versprechend, waren gegenwärtig. Hier wählte ich unaufgefordert die römischen Kirchenfeste Karwoche und Ostern, Fronleichnam und Peter Paul; sodann zur Erheiterung die Pferdeweihe, woran auch andere Haus- und Hoftiere teilnehmen. Diese Feste waren mir damals nach allen charakteristischen Einzelheiten vollkommen gegenwärtig, denn ich ging darauf aus, ein "römisches Jahr" zu schreiben, den Verlauf geistlicher und weltlicher Öffentlichkeiten; daher ich denn auch, sogleich jene Feste nach einem reinen, direkten Eindruck darzustellen imstande, meinen katholischen frommen Zirkel mit meinen vorgeführten Bildern ebenso zufrieden sah als die Weltkinder mit dem Karneval. Ja, einer von den Gegenwärtigen, mit den Gesamtverhältnissen nicht genau bekannt, hatte im Stillen gefragt: ob ich denn wirklich katholisch sei? Als die Fürstin mir dieses erzählte, eröffnete sie mir noch ein anderes: Man hatte ihr nämlich vor meiner Ankunft geschrieben, sie solle sich vor mir in Acht nehmen; ich wisse mich so fromm zu stellen, dass man mich für religiös, ja für katholisch halten könne.

"Geben Sie mir zu, verehrte Freundin," rief ich aus, "ich stelle mich nicht fromm, ich bin es am rechten Ort; mir fällt nicht schwer, mit einem klaren, unschuldigen Blick alle Zustände zu beachten und sie wieder auch ebenso rein darzustellen. Jede Art fratzenhafte Verzerrung, wodurch sich dünkelhafte Menschen nach eigener Sinnesweise an dem Gegenstand versündigen, war mir von jeher zuwider. Was mir widersteht, davon wend' ich den Blick weg, aber manches, was ich nicht gerade billige, mag ich gern in seiner Eigentümlichkeit erkennen: da zeigt sich denn meist, dass die andern ebenso recht haben, nach ihrer eigentümlichen Art und Weise zu existieren, als ich nach der meinigen." Hierdurch war man denn auch wegen dieses Punkts aufgeklärt, und eine freilich keineswegs zu lobende heimliche Einmischung in unsere Verhältnisse hatte gerade im Gegenteil, wie sie Misstrauen erregen wollte, Vertrauen erregt.

In einer solchen zarten Umgebung wär' es nicht möglich gewesen, herb oder unfreundlich zu sein; im Gegenteil fühlt' ich mich milder als seit langer Zeit, und es hätte mir wohl kein größeres Glück begegnen können, als dass ich nach dem schrecklichen Kriegs- und Fluchtwesen endlich wieder fromme menschliche Sitte auf mich einwirken fühlte.

Einer so edlen, guten, sittlich-frohen Gesellschaft war ich jedoch in einem Punkt ungefällig, ohne dass ich selbst weiß, wie es zugegangen ist. Ich war wegen eines glücklichen, freien, bedeutenden Vorlesens berühmt, man wünschte mich zu hören, und da man wusste, dass ich die "Luise" von Voß, wie sie im Novemberheft des "Merkur" 1784 erschienen war, leidenschaftlich verehrte und sie gerne vortrug, spielte man darauf an, ohne zudringlich zu sein; man legte das Merkurstück unter den Spiegel und ließ mich gewähren. Und nun wüsst' ich nicht zu sagen, was mich abhielt; mir war wie Sinn und Lippe versiegelt, ich konnte das Heft nicht aufnehmen, mich nicht entschließen, eine Pause des Gesprächs zu meiner und der andern Freude zu nutzen, die Zeit ging hin, und ich wundere mich noch über diese unerklärliche Verstocktheit.

Der Tag des Abschieds nahte heran: man musste doch sich einmal trennen. "Nun," sagte die Fürstin, "hier gilt keine Widerrede! Sie müssen die geschnittenen Steine mitnehmen, ich verlange es." Als ich aber meine Weigerung auf das höflichste und freundlichste fort behauptete, sagte sie zuletzt: "So muss ich Ihnen denn eröffnen, warum ich es fordere. Man hat mir abgeraten, Ihnen diesen Schatz anzuvertrauen, und eben deswegen will ich, muss ich es tun; man hat mir vorgestellt, dass ich Sie doch auf diesen Grad nicht kenne, um auch in einem solchen Fall von Ihnen ganz gewiss zu sein. Darauf habe ich," fuhr sie fort, "erwidert: Glaubt ihr denn nicht, dass der Begriff, den ich von ihm habe, mir lieber sei als diese Steine? Sollt' ich die Meinung von ihm verlieren, so mag dieser Schatz auch hinterdrein gehen." Ich konnte nun weiter nichts erwidern, indem sie durch eine solche Äußerung in eben dem Grad mich zu ehren und zu verpflichten wusste. Jedes übrige Hindernis räumte sie weg; vorhandene Schwefelabgüsse, katalogisiert, waren zu Kontrolle, sollte sie nötig befunden werden, in einem sauberen Kästchen mit den Originalen eingepackt, und ein sehr kleiner Raum fasste die leicht transportablen Schätze.

So nahmen wir treulich Abschied, ohne jedoch sogleich zu scheiden; die Fürstin kündigte mir an, sie wolle mich auf die nächste Station begleiten, setze sich zu mir im Wagen, der ihrige folgte. Die bedeutenden Punkte des Lebens und der Lehr kamen abermals zur Sprache: ich wiederholte mild und ruhig mein gewöhnliches Credo, auch sie verharrte bei dem ihrigen. Jedes zog nun seines Weges nach Hause; sie mit dem nachgelassenen Wunsch, mich wo nicht hier, doch dort wieder zu sehen.

Diese Abschiedsformel wohl denkender freundlicher Katholiken war mir nicht fremd, noch zuwider: ich hatte sie oft bei vorübergehenden Bekanntschaften in Bädern und sonst meist von wohlwollenden, mir freundlichst zugetanen Geistlichen vernommen, und ich sehe nicht ein, warum ich irgendjemand verargen sollte, der wünscht, mich in seinen Kreis zu ziehen, wo sich nach seiner Überzeugung ganz allein ruhig leben und, einer ewigen Seligkeit versichert, ruhig sterben lässt.

* * * * *

Durch Vorsorge, auf Anregung der edlen Freundin, ward ich von dem Postmeister nicht allein rasch gefördert, sondern auch durch Laufzettel weiter angemeldet und empfohlen, welches angenehm und höchst notwendig war. Denn ich hatte bei schöner, freundschaftlicher, friedlicher Unterhaltung vergessen, dass Kriegsflucht mir nachstürme;

und leider fand ich unterwegs die Schar der Emigrierten, die sich immer weiter nach Deutschland hineindrängte und gegen welche die Postillione ebenso wenig als am Rhein günstig gesinnt waren. Gar oft kein gebahnter Weg, man fuhr blad hüben bald drüben, begegnete und kreuzte sich. Heidegebüsch und Gesträuche, Wurzelstumpfen, Sand, Moor und Binsen, eins so unbequem und unerfreulich wie das andere. Auch ohne Leidenschaftlichkeit ging es nicht ab.

Ein Wagen blieb stecken, Paul sprang geschwind herab und zu Hilfe: er glaubte, die schönen Französinnen, die er in Düsseldorf in den traurigsten Umständen wieder angetroffen, seien abermals im Fall, seines Beistandes zu bedürfen. Die Dame hatte ihren Gemahl nicht wieder gefunden und war, in dem Strudel des Unheils mit fortgerissen und geängstigt, endlich über den Rhein geworfen worden.

Hier aber in dieser Wüste erschien sie nicht: einige alte ehrwürdige Damen forderten unsere Teilnahme. Als aber unser Postillion halten und mit seinen Pferden dem dortigen Wagen zu Hilfe kommen sollte, weigerte er sich trotzig und sagte, wir sollten nur zu unserm eignen, mit Silber und Gold genugsam beschwerten Wagen ernstlich sehen, damit wir nicht etwa stecken blieben oder umgeworfen würden; denn ob er es gleich mit uns redlich meine, so ständ' er doch in dieser Wüstenei für nichts.

Glücklicherweise, unser Gewissen zu beschwichtigen, hatte sich eine Anzahl westfälischer Bauern um jenen Wagen versammelt und gegen ein bedungenes gutes Trinkgeld ihn wieder auf den fahrbaren Weg gebracht.

An unserm Fuhrwerk war freilich das Eisen das Schwerste, und der kostbare Schatz, den wir mit uns führten, so leicht, um in einer leichten Chaise nicht bemerkt zu werden. Wie lebhaft wünscht' ich mir mein böhmisches Wägelchen herbei! Gleichwohl gab mir jenes Vorurteil, welches wichtige Schätze bei uns voraussetzte, doch immer eine Art von Unruhe. Wir hatten bemerkt, dass ein Postillion dem andern die Notiz von Überschwere des Wagens und die Vermutung von Geld und Kostbarkeiten jederzeit überlieferte. Nun aber wurden wir wegen vorausgeschickter Postzettel, deren richtige Stunde wir ohnehin des schlechten Wetters wegen nicht einhielten, auf jeder Station eilig vorwärts gedrängt und ganz eigentlich in die Nacht hinaus gestoßen, da uns denn wirklich der bängliche Fall begegnete, dass der Postillion in düsterer Nacht schwur, er könne das Ding nicht weiter fortbringen, und an einer einsamen Waldwohnung stillhielt, deren Lage, Bauart und Bewohner schon beim hellsten Sonnenschein hätten Schaudern erregen können. Der Tag, selbst der grauste, war dagegen erquicklich: man reif das Andenken der Freunde hervor, bei denen man vor kurzem so trauliche Stunden zugebracht; man musterte sie mit Achtung und Liebe, belehrte sich an ihren Eigenheiten und erbaute sich an ihren Vorzügen. Wie aber die Nacht wieder hereinbrach, da fühlte man sich schon wieder von allen Sorgen umstrickt in einem kummervollen Zustand. Wie düster aber auch in der letzten und schwärzesten aller Nächte meine Gedanken mochten gewesen sein, so wurden sie auf einmal wieder aufgehellt, als ich in das mit hundert und aber hundert Lampen erleuchtete Kassel hinein fuhr. Bei diesem Anblick entwickelten sich vor meiner Seele alle Vorteile eines bürgerlich-städtischen Zusammenseins, die Wohlhäbigkeit eines jeden einzelnen in seiner von innen erleuchteten Wohnung und die behaglichen Anstalten zu Aufnahme der Fremden. Diese Heiterkeit jedoch ward mir für einige Zeit gestört, als ich auf dem prächtigen tageshellen Königsplatz an dem wohlbekannten Gasthof anfuhr: der anmeldende Diener kehrte zurück mit der Erklärung, es sei kein Platz zu finden. Als ich aber nicht weichen wollte, trat ein Kellner sehr höflich an den Schlag und bat in schönen französischen Phrasen um Entschuldigung, da es nicht möglich sei, mich aufzunehmen. Ich erwiderte darauf in gutem Deutsch, wie ich mich wundern müsse, dass in einem so großen Gebäude, dessen Raum ich gar wohl kenne, einem fremden in der Nacht die Aufnahme verweigert werden wolle. "Sie sind ein Deutscher!" rief er aus, "das ist ein anderes!" und sogleich ließ er den Postillion in das Hoftor hereinfahren. Als er mir ein schickliches Zimmer angewiesen, versetzte er: er sei fest entschlossen, keinen Emigrierten mehr aufzunehmen. Ihr Betragen sei höchst anmaßend, die Bezahlung knauserig; denn mitten in ihrem Elend, da sie nicht wüssten, wo sie sich hinwenden sollten, betrügen sie sich noch immer, als hätten sie von einem eroberten Land Besitz genommen. So schied ich nun in gutem Frieden und fand auf dem Weg nach Eisenach weniger Zudrang der so häufig und unversehens heran getriebenen Gäste.

Meine Ankunft in Weimar sollte auch nicht ohne Abenteuer bleiben; sie
ereignete sich nach Mitternacht und gab Anlass zu einer Familienszene, welche wohl in irgendeinem Roman die tiefste
Finsternis erhellen und erheitern würde.

Nun fand ich das von meinem Fürsten mir bestimmte, erneuerte, wohl eingerichtete Haus schon meistens bewohnbar, ohne dass mir die Freude ganz versagt gewesen wäre, bei dem Ausbau mit- und einzuwirken. Die Meinigen entgegneten mir munter und gesund, und als es an ein Erzählen ging, kontrastierte freilich der heitere, ruhige Zustand, in welchem sie die aus Verdun gesendeten Süßigkeiten genossen, mit demjenigen, worin wir, die sie in paradiesischen Zuständen glaubten, mit aller denkbaren Not zu kämpfen hatten. Unser stiller häuslicher Kreis war nun umso reicher und froher abgeschlossen, indem Heinrich Meyer, zugleich als Hausgenosse, Künstler, Kunstfreund und Mitarbeiter, zu den Unsrigen gehörte und an allem Belehrenden sowie an allem Wirksamen kräftigen Anteil nahm.

Das weimarsche Theater bestand seit dem Mai 1791; es hatte sowohl den Sommer genannten Jahres als auch den des laufenden in Lauchstädt zugebracht und sich durch Wiederholung damals gangbarer, meist bedeutender Stücke schon ziemlich gut zusammengespielt. Ein Rest der Bellomoschen Gesellschaft, also schon aneinander gewöhnter Personen, gab den Grund; andere teils schon brauchbare, teils viel versprechende Glieder füllten schicklich und gemächlich die entstandene Lücke.

Man kann sagen, dass es damals noch ein Schauspielerhandwerk gab, wodurch befähigt, sich Glieder entfernter Theater gar bald in Einklang setzten, besonders wenn man so glücklich war, für die Rezitation Niederdeutsche, für den Gesang Oberdeutsche herbeizuziehen; und so konnte das Publikum für den Anfang gar wohl zufrieden sein. Da ich teil an der Direktion genommen, so war es mir eine unterhaltende Beschäftigung, gelind zu versuchen, auf welchem Weg das Unternehmen weitergeführt werden könnte. Ich sah gar bald, dass eine gewisse Technik aus Nachahmung, Gleichstellung mit andern und Routine hervorgehen konnte; allein es fehlte durchaus an dem, was ich Grammatik nennen dürfte, die doch erst zum Grund liegen muss, ehe man zu Rhetorik und Poesie gelangen kann. Da ich auf diesen Gegenstand zurückzukehren gedenke und ihn vorläufig nicht gern zerstückeln möchte, so sage ich nur so viel: dass ich eben jene Technik, welche sich alles aus Überlieferung aneignet, zu studieren und auf ihre Elemente zurückzuführen suchte und das, was mir klar geworden, in einzelnen Fällen, ohne auf ein Allgemeines hinzuweisen, beobachten ließ.

Was mir bei diesem Unternehmen aber besonders zustatten kam, war der damals überhand nehmende Natur- und Konversationston, der zwar höchst lobenswert und erfreulich ist, wenn er als vollendete Kunst, als eine zweite Natur hervortritt, nicht aber, wenn ein jeder glaubt, nur sein eigenes nacktes Wesen bringen zu dürfen, um etwas Beifallswürdiges darzubieten. Ich aber benutzte diesen Trieb zu meinen Zwecken, indem ich gar wohl zufrieden sein konnte, wenn das angeborne Naturell sich mit Freiheit hervortat, um sich nach und nach, durch gewisse Regeln und Anordnungen, einer höhern Bildung entgegenführen zu lassen. Doch darf ich hiervon nicht weiter sprechen, weil was getan und geleistet worden, sich erst nach und nach aus sich selbst entwickelte und also historisch dargestellt werden musste.

Umstände jedoch, die für das neue Theater sich höchst günstig hervortaten, miss ich kürzlich anführen. Iffland und Kotzebue blühten in ihrer besten Zeit, ihre Stücke, natürlich und fasslich, die einen gegen ein bürgerlich rechtliches Behagen, die andern gegen eine lockere Sittenfreiheit hingewendet; beide Gesinungen waren dem Tage gemäß und erhielten freudige Teilnahme; mehrere noch als Manuskript ergötzten durch den lebendigen Duft des Augenblicks, den sie mit sich brachten. Schröder, Babo, Ziegler, glücklich energische Talente, lieferten bedeutenden Beitrag; Bretzner und Jünger, ebenfalls gleichzeitig, gaben anspruchslos einer bequemen Fröhlichkeit Raum. Hagemann und Hagemeister, Talente, die sich auf die Länge nicht halten konnten, arbeiteten gleichfalls für den Tag und waren, wo nicht bewundert, doch als neu geschaut und willkommen. Diese lebendige, sich im Zirkel herumtreibende Masse suchte man mit Shakespeare, Gozzi und Schiller Geister zu erheben; man verließ die bisherige Art, nur Neues zum nächsten Verlust einzustudieren, man war sorgfältig in der Wahl und bereitete schon ein Repertorium vor, welches viele Jahre gehalten hat. Aber auch dem Mann, der uns diese Anstalt gründen half, müssen wir eine dankbare Erinnerung nicht schuldig bleiben. Es war F. J. Fischer, ein Schauspieler in Jahren, der sein Handwerk verstand, mäßig, ohne Leidenschaft, mit seinem Zustand zufrieden, sich mit einem beschränkten Rollenfach begnügend. Er brachte mehrere Schauspieler von Prag mit, die in seinem Sinn wirkten, und wusste die einheimischen gut zu behandeln, wodurch ein innerer Friede sich über das Ganze verbreitete.

Was die Oper anlangt, so kamen uns die Dittersdorfischen Arbeiten auf das Beste zustatten. Er hatte mit glücklichem Naturell und Humor für ein fürstliches Privattheater gearbeitet, wodurch seinen Produktionen eine gewisse leichte Behaglichkeit zuteil ward, die auch uns zugute kam, weil wir unser neues Theater als eine Liebhaber-Bühne zu betrachten die Klugheit hatten. Auf den Text, im rhythmischen und prosaischen Sinn, wendete man viel Mühe, um ihn dem obersächsischen Geschmack mehr anzueignen; und so gewann diese leichte Ware Beifall und Abgang.

Die aus Italien wiedergekehrten Freunde bemühten sich, die leichteren italienischen Opern jener Zeit, von Paesiello, Cimarosa, Guglielmi und andern, herüberzuführen, wo denn zuletzt auch Mozarts Geist einzuwirken anfing. Denke man sich, dass von diesem allem wenig bekannt, gar nichts abgebraucht war, so wird man gestehen, dass die Anfänge des weimarschen Theaters mit den jugendlichen Zeiten des deutschen Theaters überhaupt oder zugleich eintraten und Vorteile genossen, die offenbar zu einer natürlichen Entwickelung aus sich selbst den reinsten Anlass geben mussten.

Um nun aber auch Genuss und Studium der anvertrauten Gemmensammlung vorzubreiten und zu sichern, ließ ich gleich zwei zierliche Ringkästchen verfertigen, worin die Steine mit einem Blick übersehbar nebeneinander standen, so dass irgendeine Lücke sogleich zu bemerken gewesen wäre; worauf alsdann Schwefel- und Gipsabgüsse in Mehrzahl verfertigt und der Prüfung durch stark vergrößernde Linsen unterworfen wurden, auch vorhandene Abdrücke älterer Sammlungen vorgesucht und zu Rate gezogen. Wir bemerkten wohl, dass hier für uns das Studium der geschnittenen Steine zu gründen sei; wie groß aber die Vergünstigung der Freundin gewesen, wurde erst nach und nach eingesehen.

Das Resultat mehrjähriger Betrachtung sei deshalb hier eingeschaltet, weil wir wohl schwerlich unsere Aufmerksamkeit so bald wieder auf diesen Punkt wenden dürften.

Aus innern Gründen der Kunst sahen sich die weimarschen Freunde berechtigt, wo nicht alle, doch bei weitem die größte Anzahl dieser geschnittenen Steine für echt antike Kunstdenkmale zu halten, und zwar fanden sich mehrere darunter, welche zu den vorzüglichsten Arbeiten dieser Art gerechnet werden durften. Einige zeichneten sich dadurch aus, dass sie als wirklich identisch mit ältern Schwefelpasten angesehen werden mussten; mehrere bemerkte man, deren Darstellung mit andern antiken Gemmen zusammentraf, die aber deswegen immer noch für echt gelten konnten. In den größten Sammlungen kommen wiederholte Vorstellungen vor, und man würde sehr irren, die einen als Original, die andern als moderne Kopien anzusprechen.

Immer müssen wir dabei die edle Kunsttreue der Alten im Sinn tragen, welche die einmal glücklich gelungene Behandlung eines Gegenstandes nicht oft genug wiederholen konnte. Jene Künstler hielten sich für original genug, wenn sie einen originellen Gedanken aufzufassen und ihn auf ihre Weise wieder darzustellen Fähigkeit und Fertigkeit empfanden. Mehrere Steine zeigten sich auch mit eingeschnittenen Künstlernamen, worauf man seit Jahren großen Wert gelegt hatte. Eine solche Zutat ist wohl immer merkwürdig genug, doch bleibt sie meist problematisch: denn es ist möglich, dass der Stein alt und der Name neu eingeschnitten sei, um dem Vortrefflichen noch einen Beiwert zu verleihen.

Ob wir uns nun gleich hier wie billig alles Katalogisierens enthalten, da Beschreibung solcher Kunstwerke ohne Nachbildung wenig Begriff gibt, so unterlassen wir doch nicht, von den vorzüglichsten einige allgemeine Andeutungen zu geben.

Kopf des Herkules. Bewundernswürdig in Betracht des edlen, freien Geschmacks der Arbeit, und noch mehr zu bewundern in Hinsicht auf die herrlichen Idealformen, welche mit keinem der bekannten Herkulesköpfe ganz genau übereinkommen und eben dadurch die Merkwürdigkeit dieses köstlichen Denkmals noch vermehren helfen.

Brustbild des Bacchus. Arbeit, wie auf den Stein gehaucht, und in Hinsicht auf die idealen Formen eines der edelsten antiken Werke. Es finden sich in verschiedenen Sammlungen mehrere diesem ähnliche Stücke, und zwar, wenn wir uns recht erinnern, sowohl hoch als tief geschnitten; doch ist uns noch keines bekannt geworden, welches vor dem gegenwärtigen den Vorzug verdiente.

Faun, welcher einer Bacchantin das Gewand rauben will. Vortreffliche und auf alten Monumenten mehrmals vorkommende Komposition, ebenfalls gut gearbeitet.

Eine umgestürzte Leier, deren Hörner zwei Delphine darstellen, der Körper oder, wenn man will, der Fuß Amors Haupt, mit Rosen bekränzt; zu derselben ist Bacchus' Panther, in der Vorderpfote den Thyrsusstab haltend, zierlich gruppiert. Die Ausführung dieses Steins befriedigt den Kenner, und wer zarte Bedeutung liebt, wird gleichfalls seine Rechnung finden.

Maske, mit großem Bart und weit geöffnetem Mund; eine Efeuranke umschlingt die kahle Stirn. In seiner Art mag dieser Stein einer der allervorzüglichsten sein, und ebenso schätzbar ist auch

Eine andere Maske mit langem Bart und zierlich aufgebundenen Haaren; ungewöhnlich tief gearbeitet.

Venus tränkt den Amor. Eine der lieblichsten Gruppen, die man sehen kann, geistreich behandelt, doch ohne großen Aufwand von Fleiß.

Cybele, auf dem Löwen reitend, tief geschnitten: ein Werk, welches als vortrefflich den Liebhabern durch Abdrücke, die fast in allen Pastensammlungen zu finden sind, genugsam bekannt ist.

Gigant, der einen Greif aus seiner Felsenhöhle hervorzieht. Ein Werk von sehr vielem Kunstverdienst und als Darstellung vielleicht ganz einzig. Die vergrößerte Nachbildung desselben finden unsere Leser vor dem Voßschen Programm zu der Jenaischen A. L. Z. 1804, IV. Band.

Behelmter Kopf im Profil, mit großem Bart. Vielleicht ist's eine Maske; indessen hat sie im geringsten nichts Karikaturartiges, sondern ein gedrungenes heldenmäßiges Angesicht, und ist vortrefflich gearbeitet.

Homer, als Herme, fast ganz von vorne dargestellt und sehr tief geschnitten. Der Dichter erscheint hier jünger als gewöhnlich, kaum im Anfang des Greisenalters; daher diese Werk nicht allein von Seiten der Kunst, sondern auch des Gegenstandes wegen schätzbar ist.

In Sammlungen von Abdrücken geschnittener Steine wird oftmals der Kopf eines ehrwürdigen bejahrten Mannes mit langem Bart und Haaren angetroffen, der — jedoch ohne dass Gründe dafür angegeben werden — das Bildnis des Aristophanes sein soll. Ein ähnlicher, nur durch unbedeutende Abweichungen von jenem sich unterscheidender Kopf ist in unserer Sammlung anzutreffen und in der Tat eins der besten Stücke.

Das Profil eins Unbekannten ist vermutlich über der Augenbraune abgebrochen gefunden und in neuerer Zeit wieder zum Ringstein zugeschliffen worden. Großartiger und lebenvoller haben wir nie menschliche Gestalt auf dem kleinen Raum einer Gemme dargestellt gesehen, selten den Fall, wo der Künstler ein so unbeschränktes Vermögen zeigte. Von ähnlichem Gehalt ist auch

Der ebenfalls unbekannte Porträtkopf mit übergezogener Löwenhaut; derselbe war auch so wie der vorige über dem Auge abgebrochen, allein das Fehlende ist mit Gold ergänzt.

Kopf eines bejahrten Mannes von gedrungenem, kräftigem Charakter, mit kurz geschornen Haaren. Außerordentlich geistreich und meisterhaft gearbeitet; besonders ist die kühne Behandlung des Barts zu bewundern und vielleicht einzig in ihrer Art.

Männlicher Kopf oder Brustbild ohne Bart, um das Haar eine Binde gelegt, das reich gefaltete Gewand auf der rechten Schulter geheftet. Es ist ein geistreicher, kräftiger Ausdruck in diesem Werk und Züge, wie man gewohnt ist dem Julius Cäsar zuzuschreiben.

Männlicher Kopf, ebenfalls ohne Bart, die Toga, wie bei Opfern gebräuchlich war, über das Haupt gezogen. Außerordentlich viel Wahrheit und Charakter ist in diesem Gesicht, und kein Zweifel, dass die Arbeit echt alt und aus den Zeiten der ersten römischen Kaiser sei.

Brustbild einer römischen Dame; um das Haupt doppelte Flechten von
Haaren gewunden, das Ganze bewunderungswürdig fleißig ausgeführt und
in Hinsicht des Charakters voll Wahrheit, Behaglichkeit, Naivität,
Leben.

Kleiner, behelmter Kopf, mit starkem Bart und kräftigem Charakter, ganz von vorne dargestellt und schätzbare Arbeit.

Eines neuern vortrefflichen Steines gedenken wir zum Schluss: das Haupt der Meduse in dem herrlichsten Karneol. Es ist solches der bekannten Meduse des Sosikles vollkommen ähnlich, und geringe Abweichungen kaum zu bemerken. Allerdings eine der vortrefflichsten Nachahmungen antiker Werke: denn für eine solche möchte er unerachtet seiner großen Verdienste doch zu halten sein, da die Behandlung etwas weniger Freiheit hat und überdies ein unter dem Abschnitt des Halses angebrachtes N doch wohl auf eine Arbeit von Natter selbst schließen lässt.

An diesem Wenigen werden wahre Kunstkenner den hohen Wert der gepriesenen Sammlung zu ahnen vermögen. Wo sie sich gegenwärtig befindet, ist uns unbekannt; vielleicht erhielte man hierüber einige Nachricht, die einen reichen Kunstfreund wohl anreizen könnte, diesen Schatz, wenn er verkäuflich ist, sich zuzueignen.

Die weimarschen Kunstfreunde zogen, solange diese Sammlung in ihren Händen war, allen möglichen Vorteil daraus. Schon in dem laufenden Winter gab sie der geistreichen Gesellschaft, welche sich um die Herzogin Amalie zu vereinigen pflegte, ausgezeichnete Unterhaltung. Man suchte sich in dem Studium geschnittener Steine zu begründen, wobei uns das Wohlwollen der trefflichen Besitzerin sehr zustatten kam, indem sie uns mehrere Jahre diesen Genuss gönnte. Doch ergötzte sie sich kurz vor ihrem Ende noch an der schönen anschaulichen Ordnung, worin sie die Ringe in zwei Kästchen auf einmal, wie sie solche nie gesehen, vollständig gereiht wieder erblickte und also des geschenkten großen Vertrauens sich edelmütig zu erfreuen hatte.

Auch nach einer andern Seite wendeten sich unsere Kunstbetrachtungen. Ich hatte die Farben genugsam in unterschiedenen Lebensverhältnissen beobachtet und sah die Hoffnung, auch endlich ihre Kunstharmonie, welche zu suchen ich eigentlich ausgegangen war, zu finden. Freund Meyer entwarf verschiedene Kompositionen, wo man sie teils in einer Reihe, teils im Gegensatz zu Prüfung und Beurteilung aufgestellt sah.

Am klarsten ward sie bei einfachen landschaftlichen Gegenständen, wo der Lichtseite immer das Gelbe und Gelbrote, der Schattenseite das Blau und Blaurote zugeteilt werden musste, aber wegen Mannigfaltigkeit der natürlichen Gegenstände gar leicht durchs Braungrüne und Blaugrüne zu vermitteln. Auch hatten hier schon große Meister durch Beispiel gewirkt, mehr als im Historischen, wo der Künstler bei Wahl der Farben zu den Gewändern sich selbst überlassen bleibt und in solcher Verlegenheit nach Herkommen und Überlieferung greift, sich auch wohl durch irgendeine Bedeutung verführen lässt und dadurch von wahrer harmonischer Darstellung öfters abgeleitet wird.

Von solchen Studien bildender Kunst fühle ich mich denn doch gedrungen, wieder zum Theater zurückzukehren und über mein eigenes Verhältnis an demselben einige Betrachtungen anzustellen, welches ich erst zu vermeiden wünschte. Man sollte denken, es sei die beste Gelegenheit gewesen, für das neue Theater und zugleich für das deutsche überhaupt als Schriftsteller auch etwas von meiner Seite zu leisten: denn, genau besehen, lag zwischen oben genannten Autoren und ihren Produktionen noch mancher Raum, der gar wohl hätte ausgeführt werden können; es gab zu natürlich einfacher Behandlung noch vielfältigen Stoff, den man nur hätte aufgreifen dürfen.

Um aber ganz deutlich zu werden, gedenk' ich meiner ersten dramatischen Arbeiten, welche, der Weltgeschichte angehörig, zu sehr ins Breite gingen, um bühnenhaft zu sein; meine letzten, dem tiefsten inneren Sinn gewidmet, fanden bei ihrer Erscheinung wegen allzu großer Gebundenheit wenig Eingang. Indessen hatte ich mir eine gewisse mittlere Technik eingeübt, die etwas mäßig Erfreuliches dem Theater hätte verschaffen können; allein ich vergriff mich im Stoff, oder vielmehr ein Stoff überwältigte meine innere sittliche Natur, der allerwiderspenstigste, um dramatisch behandelt zu werden.

Schon im Jahr 1785 erschreckte mich die Halsbandsgeschichte wie das Haupt der Gorgone. Durch dieses unerhört frevelhafte Beginnen sah ich die Würde der Majestät untergraben, schon im voraus vernichtet, und alle Folgeschritte von dieser Zeit an bestätigten leider allzu sehr die furchtbaren Ahnungen. Ich trug sie mit mir nach Italien und brachte sie noch geschärfter wieder zurück. Glücklicherweise ward mein "Tasso" noch abgeschlossen, aber alsdann nahm die weltgeschichtliche Gegenwart meinen Geist völlig ein.

Mit Verdruss hatte ich viele Jahre die Betrügereien kühner Phantasten und absichtlicher Schwärmer zu verwünschen Gelegenheit gehabt und mich über die unbegreifliche Verblendung vorzüglicher Menschen bei solchen frechen Zudringlichkeiten mit Widerwillen verwundert. Nun lagen die direkten und indirekten Folgen solcher Narrheiten als Verbrechen und Halbverbrechen gegen die Majestät vor mir, alle zusammen wirksam genug. Um den schönsten Thron der Welt zu erschüttern.

Mir aber einigen Trost und Unterhaltung zu verschaffen, suchte ich diesem Ungeheuren eine heitere Seite abzugewinnen, und die Form der komischen Oper, die sich mir schon seit längerer Zeit als eine der vorzüglichsten dramatischen Darstellungsweisen empfohlen hatte, schien auch ernstern Gegenständen nicht fremd, wie an "König Theodor" zu sehen gewesen.

Und so wurde denn jener Gegenstand rhythmisch bearbeitet, die Komposition mit Reichardt verabredet, wovon denn die Anlagen einiger tüchtigen Bass-Arien bekannt geworden; andere Musikstücke, die außer dem Kontext keine Bedeutung hatten, blieben zurück, und die Stelle, von der man sich die meiste Wirkung versprach, kam auch nicht zustande: das Geistersehen in der Kristallkugel vor dem schlafend weissagenden Cophta sollte als blendendes Final vor allen glänzen.

Aber da waltete kein froher Geist über den Ganzen, es geriet ins Stocken, und um nicht alle Mühe zu verlieren, schreib ich ein prosaisches Stück, zu dessen Hauptfiguren sich wirklich analoge Gestalten in der neuen Schauspielergesellschaft vorfanden, die denn auch in der sorgfältigsten Aufführung das Ihrige leisteten.

Aber eben deswegen, weil das Stück ganz trefflich gespielt wurde, machte es einen um desto widerwärtigern Effekt. Ein furchtbarer und zugleich abgeschmackter Stoff, kühn und schonungslos behandelt, schreckte jedermann, kein Herz klang an; die fast gleichzeitige Nähe des Vorbildes ließ den Eindruck noch greller empfinden, und weil geheime Verbindungen sich ungünstig behandelt glaubten, so fühlte sich ein großer respektabler Teil des Publikums entfremdet, so wie das weibliche Zartgefühl sich vor einem verwegenen Liebesabenteuer entsetzte.

Ich war immer gegen die unmittelbare Wirkung meiner Arbeiten gleichgültig gewesen und sah auch diesmal ganz ruhig zu, dass diese letzte, an die ich so viel Jahre gewendet, keine Teilnahme fand; ja ich ergötzte mich an einer heimlichen Schadenfreude, wenn gewisse Menschen, die ich dem Betrug oft genug ausgesetzt gesehen, kühnlich versicherten, so grob könne man nicht betrogen werden.

Aus diesem Ereignis zog ich mir jedoch keine Lehre; das, was mich innerlich beschäftigte, erschien mir immerfort in dramatischer Gestalt, und wie die Halsbandsgeschichte als düstre Vorbedeutung, so ergriff mich nunmehr die Revolution selbst als die grässlichste Erfüllung: den Thron sah ich gestürzt und zersplittert, eine große Nation aus ihren fugen gerückt und nach unserm unglücklichen Feldzug offenbar auch die Welt schon aus ihren Fugen.

Indem mich nun dies alles in Gedanken bedrängte, beängstigte, hatte ich leider zu bemerken, dass man im Vaterland sich spielend mit Gesinnungen unterhielt, welche eben auch uns ähnliche Schicksale vorbereiteten. Ich kannte genug edle Gemüter, die sich gewissen aussichten und Hoffnungen, ohne weder sich noch die Sache zu begreifen, phantastisch hingaben; indessen ganz schlechte Subjekte bittern Unmut zu erregen, zu mehren und zu benutzen strebten.

Als ein Zeugnis meines ärgerlich-guten Humors ließ ich den "Bürgergeneral" auftreten, wozu mich ein Schauspieler verführte, namens Beck, welcher den Schnaps in den "beiden Billetts" nach Florian mit ganz individueller Trefflichkeit spielte, indem selbst seine Fehler ihm dabei zustatten kamen. Da ihm nun diese Maske so gar wohl anstand, brachte man des gedachten kleinen, durchaus beliebten Nachspiels erste Fortsetzung, den "Stammbaum" von Anton Wall, hervor, und als ich nun auf Proben, Ausstattung und Vorstellung dieser Kleinigkeit ebenfalls die größte Aufmerksamkeit wendete, so konnte nicht fehlen, dass ich mich von diesem närrischen Schnaps so durchdrungen fand, dass mich die Lust anwandelte, ihn nochmals zu produzieren. Dies geschah auch mit Neigung und Ausführlichkeit; wie denn das gehaltreiche Mantelsäckchen ein wirklich französisches war, das Paul auf jener Flucht eilig aufgerafft hatte. Inder Hauptszene erwies sich Malkolmi als alter wohlhabender, wohlwollender Bauersmann, der sich eine gesteigerte Unverschämtheit als Spaß auch einmal gefallen lässt, unübertrefflich und wetteiferte mit Beck in wahrer, natürlicher Zweckmäßigkeit. Aber vergebens! Das Stück brachte die widerwärtigste Wirkung hervor, selbst bei Freunden und Gönnern, die, um sich und mich zu retten, hartnäckig behaupteten: ich sei der Verfasser nicht, habe nur aus Grille meinen Namen und einige Federstriche einer sehr subalternen Produktion zugewendet.

Wie mich aber niemals irgendein Äußeres mir selbst entfremden konnte, mich vielmehr nur strenger ins Innere zurückwies, so blieben jene Nachbildungen des Zeitsinnes für mich eine Art von gemütlich tröstlichem Geschäft. Die

"Unterhaltungen der Ausgewanderten," fragmentarischer Versuch, das unvollendet Stück "Die Aufgeregten" sind ebensoviel Bekenntnisse dessen, was damals in meinem Busen vorging; wie auch späterhin "Hermann und Dorothea" noch aus derselbigen Quelle flossen, welche denn freilich zuletzt erstarrte. Der Dichter konnte der rollenden Weltgeschichte nicht nacheilen und musste den Abschluss sich und andern schuldig bleiben, da er das Rätsel auf eine so entschiedene als unerwartete Weise gelöst sah.

Unter solchen Konstellationen war nicht leicht jemand, in so weiter Entfernung vom eigentlichen Schauplatz des Unheils, gedrückter als ich; die Welt erschien mir blutiger und blutdürstiger als jemals, und wenn das Leben eines Königs in der Schlacht für tausende zu rechnen ist, so wird es noch viel bedeutender im gesetzlichen Kampf. Ein König wird auf Tod und Leben angeklagt: da kommen Gedanken in Umlauf, Verhältnisse zur Sprache, welche für ewig zu beschwichtigen sich das Königtum vor Jahrhunderten kräftig eingesetzt hatte.

Aber auch aus diesem grässlichen Unheil suchte ich mich zu retten, indem ich die ganze Welt für nichtswürdig erklärte, wobei mir denn durch eine besondere Fügung "Reineke Fuchs" in die Hände kam. Hatte ich mich bisher an Straßen-, Markt- und Pöbelauftritten bis zum Abscheu übersättigen müssen, so war es nun wirklich erheiternd, in den Hof- und Regentenspiegel zu blicken: denn wenn auch hier das Menschengeschlecht sich in seiner ungeheuchelten Tierheit ganz natürlich vorträgt, so geht doch alles, wo nicht musterhaft, doch heiter zu, und nirgends fühlt sich der gute Humor gestört.

Um nun das köstliche Werk recht innig zu genießen, begann ich alsobald eine treue Nachbildung; solche jedoch in Hexametern zu unternehmen, war ich folgenderweise veranlasst.

Schon seit vielen Jahren schrieb man in Deutschland nach Klopstocks Einleitung sehr lässliche Hexameter; Voß, indem er sich wohl auch dergleichen bediente, ließ doch hie und a merken, dass man sie besser machen könne, ja er schonte sogar seine eigenen vom Publikum gut aufgenommenen Arbeiten und Übersetzungen nicht. Ich hätte das gar gern auch gelernt, allein es wollte mir nicht glücken. Herder und Wieland waren in diesem Punkte Latitudinarier, und man durfte der Voßschen Bemühungen, wie sie nach und nach strenger und für den Augenblick ungelenk erschienen, kaum Erwähnung tun. Das Publikum selbst schätzte längere Zeit die Voßschen früheren Arbeiten, als geläufiger, über sie späteren; ich aber hatte zu Voß, dessen Ernst man nicht verkennen konnte, immer ein stilles Vertrauen und wäre, in jüngeren Tagen oder anderen Verhältnissen, wohl einmal nach Eutin gereist, um das Geheimnis zu erfahren. Denn er, aus einer zu ehrenden Pietät für Klopstock, wollte, solange der würdige, allgefeierte Dichter lebte, ihm nicht geradezu ins Gesicht sagen: dass man in der deutschen Rhythmik eine striktere Observanz einführen müsse, wenn sie irgend gegründet werden solle. Was er inzwischen äußerte, waren für mich sibyllinische Blätter. Wie ich mich an der Vorrede zu den Georgiken abgequält habe, erinnere ich mich noch immer gerne, der redlichen absicht wegen, aber nicht des daraus gewonnenen Vorteils.

Da mir recht gut bewusst war, dass alle meine Bildung nur praktisch sein könne, so ergriff ich die Gelegenheit, ein paar tausend Hexameter hinzuschreiben, die bei dem köstlichsten Gehalt selbst einer mangelhaften Technik gute Aufnahme und nicht vergänglichen Wert verleihen durften. Was an ihnen zu tadeln sei, werde sich, dacht' ich, am Ende schon finden; und so wendete ich jede Stunde, die mir sonst übrig blieb, an eine solche schon innerhalb der Arbeit vorläufig dankbare Arbeit, baute inzwischen und möbilierte fort, ohne zu denken, was weiter mit mir sich ereignen würde, ob ich es gleich gar wohl voraussehen konnte.

So weit wir auch ostwärts von der großen Weltbegebenheit gelegen waren, erschienen doch schon diesen Winter flüchtige Vorläufer unserer ausgetriebenen westlichen Nachbarn; es war, als wenn sie sich umsähen nach irgendeiner gesitteten Stätte, wo sie Schutz und Aufnahme fänden. Obgleich nur vorübergehend, wussten sie durch anständiges Betragen, duldsam-zufriedenes Wesen, durch Bereitwilligkeit, sich ihrem Schicksal zu fügen und durch irgendeine Tätigkeit ihr Leben zu fristen, dergestalt für sich einzunehmen, dass durch diese einzelnen die Mängel der ganzen Masse ausgelöscht und jeder Widerwille in entschiedene Gunst verwandelt wurde. Dies kam denn freilich ihren Nachfahrern zeugte, die sich späterhin in Thüringen festsetzten, unter denen ich nur Mounier und Camille Jordan zu nennen brauche, um ein Vorurteil zu rechtfertigen, welches man für die ganze Kolonie gefasst hatte, die sich, wo nicht den Genannten gleich, doch derselben keineswegs unwürdig erzeigte.

Übrigens lässt sich hierbei bemerken, dass in allen wichtigen politischen Fällen immer diejenigen Zuschauer am besten dran sind, welche Partei nehmen: was ihnen wahrhaft günstig ist, ergreifen sie mit Freuden, das Ungünstige ignorieren sie, lehnen's ab oder legen's ob oder legen's wohl gar zu ihrem Vorteil aus. Der Dichter aber, der seiner Natur nach unparteiisch sein und bleiben muss, sucht sich von den Zuständen beider kämpfenden Teile zu durchdringen, wo er denn, wenn Vermittlung unmöglich wird, sich entschließen muss, tragisch zu endigen. Und mit welchem Zyklus von Tragödien sahen wir uns von der tosenden

Weltbewegung bedroht!

Wer hatte seit seiner Jugend sich nicht vor der Geschichte des Jahres 1649 entsetzt, wer nicht vor der Hinrichtung Karls I. geschaudert und zu einigem Troste gehofft, dass dergleichen Szenen der Parteiwut sich nicht abermals ereignen könnten! Nun aber wiederholte sich das alles, gräulicher und grimmiger, bei dem gebildetsten Nachbarvolke wie vor unsern Augen, Tag für Tag, Schritt für Schritt. Man denke sich, welchen Dezember und Januar dijenigen verlebten, die, den König zu retten, ausgezogen waren und nun in seinen Prozess nicht eingreifen, die Vollstreckung des Todesurteils nicht hindern konnten.

Frankfurt war wieder in deutschen Händen; die möglichsten Vorbereitungen, Mainz wieder zu erobern, wurden eifrigst besorgt. Man hatte sich Mainz genähert und Hochheim besetzt. Königstein musste sich ergeben. Nun aber war vor allen Dingen nötig, durch einen vorläufigen Feldzug auf dem linken Rheinufer sich den Rücken frei zu machen. Man zog daher am Taunusgebirge hin auf Idstein, über das Benediktinerkloster Schönau nach Kaub, sodann über eine wohl errichtete Schiffbrücke nach Bacharach; von da an gab es fast ununterbrochene Vorpostengefechte, welche den Feind zum Rückzug nötigten. Man ließ den eigentlichen Hunsrück rechts, zog nach Stromberg, wo General Neuwinger gefangen wurde. Man gewann Kreuznach und reinigte den Winkel zwischen der Nahe und dem Rhein; und so bewegte man sich mit Sicherheit gegen diesen Fluss. Die Kaiserlichen waren bei Speyer über den Rhein gegangen, und man konnte die Umzingelung von Mainz den 14. April abschließen, wenigstens vorerst die Einwohner mit Mangel, als dem Vorläufer größerer Not, in Angst setzen.

Diese Nachricht vernahm ich zugleich mit der Aufforderung, mich an Ort und Stelle zu zeigen, um, wie

früher an einem beweglichen Übel, so nun an einem
stationären teilzunehmen. Die Umzingelung war vollbracht,
die Belagerung konnte nicht ausbleiben; wie ungern ich
mich dem Kriegstheater abermals näherte, überzeuge sich,
wer etwa die zweite nach meinen Skizzen radierte Tafel in die
Hand nimmt. Sie ist einem sehr genauen Federumriss
nachgebildet, den ich wenige Tage vor meiner Abreise
sorgfältig auf Papier gebracht hatte. Mit welchem Gefühl,
sagen die wenigen dazu gedichteten Reimzeilen:

> Hier sind wir denn vorerst ganz still zu Haus,
> Von Tür zu Türe sieht es lieblich aus;
> Der Künstler froh die stillen Blicke hegt,
> Wo Leben sich zum Leben freundlich regt.
> Und wie wir auch durch ferne Lande ziehn,
> Da kommt es her, da kehrt es wieder hin;
> Wir wenden uns, wie auch die Welt entzücke,
> Der Enge zu, die uns allein beglücke.